KB198991

마음을 연습하는 상담실

마음을 연습하는
상담실

ⓒ 오윤미, 2024

초판 1쇄 발행 2024년 11월 7일

지은이   오윤미
펴낸이   이기봉
편집   좋은땅 편집팀
펴낸곳   도서출판 좋은땅
주소   서울특별시 마포구 양화로12길 26 지월드빌딩 (서교동 395-7)
전화   02)374-8616~7
팩스   02)374-8614
이메일   gworldbook@naver.com
홈페이지   www.g-world.co.kr

ISBN   979-11-388-3715-6 (03180)

• 가격은 뒤표지에 있습니다.
• 이 책은 저작권법에 의하여 보호를 받는 저작물이므로 무단 전재와 복제를 금합니다.
• 파본은 구입하신 서점에서 교환해 드립니다.

마음을 연습하는 상담실

오윤미 지음

좋은땅

어쭙잖을 용기

개인적으로 어쭙잖아[1] 보이는 것을 경계한다. 이미 어쭙잖아 보이는 것 같아 이불 속에 숨고 싶다.

책을 내고 싶었던 것은 아니지만, 내가 상담하면서 가지게 된 개인적인 생각이나 경험들을 글로 남겨 놓고 싶었다. 초등학교 상담 현장에 있으면서 같은 학교에 근무하는 선생님들과 상담 이야기를 할 수 있는 기회는 드물다. 그 선생님 학급에 상담받는 학생이 있으면, 학생 상담에 대한 이야기를 할 수 있었고 그마저도 서로 바쁘기 때문에 시간은 제한적이다. 담임교사의 입장에서는 본인도 수업 준비, 생활지도 등 해야 할 일이 많고, 전문상담교사도 바빠 보이니 학생을 더 의뢰하거나 학생 상담에 대해 말하는 것도 조심스러울 때가 있다는 이야기를 듣고 너무 반가웠다. 나도 선생님들과 상담에 대한 이야기를 하고 싶었기 때문이다. 내가 일일이 선생님들과 마주 앉아 이야기하지 못하지

---

1) 어쭙잖다는 아주 서투르고 어설프며, 분수에 넘치는 것.

만, 이 기회를 빌려 나의 이야기를 전할 수 있겠다는 마음에 어쭙잖을
용기를 내게 되었다.

　나는 경상북도 경주에서 근무하는 8년 차 초등학교 전문상담교사
다. 중등에는 전문상담교사 혹은 전문상담사가 많이 배치되어 있다.
하지만 내가 발령받을 때는 초등학교에 전문상담교사가 배치되는 초
기였고, 나는 경주지역에 정교사로 처음 발령받은 초등학교 전문상담
교사였다. 심지어 경상북도교육청 공립 중등교사 임용시험 전문상담
교과에 응시하였으나 초등학교로 발령 났다.[2] 처음에는 복잡한 생각
이 들었다. 발령을 기다리며 앞으로 중학생·고등학생을 상담하는 모
습을 상상했는데, 갑자기 초등학생을 상담한다고 생각하니 혼란스러
웠고, 초등학교와 중등학교의 분위기가 다르다고 하니 걱정도 되었다.
한편으로는 내가 외부 상담기관에서 만 36개월부터 고등학생에 해당
되는 아동과 청소년을 상담했었고, 미술치료를 전공했기 때문에 초등
학생을 상담하는 데 더 적합할 수도 있겠다는 생각이 들기도 했다. 여
러 걱정을 뒤로 한 채, 일단 출근해 보고 안 되면 다시 임용을 쳐야겠
다 생각했던 나는, 다행히 아직 초등학교에 근무하고 있다. 그동안 아
주 많은 시행착오와 좌절, 무기력을 맛보았으며 아주 조금의 기쁨과
보람을 느끼고 있다.

---

2)　현재 경상북도교육청 임용후보자 선정경쟁시험의 전문상담 교과는 초등과 중등을 구
　　분하여 접수받고 있고, 초등 응시자도 중등교사 임용시험을 치루고 있다.

내가 가진 '사랑'의 마음은 거창하지 않다. 오히려 사소할 정도로 작고, 보이지도 않는다. 상대에게 도움이 되지 않을 때도 있고, 때로는 굳이 가지지 않아도 되는 마음이다. 그러함에도 나는 이 책을 '사랑'하는 마음으로 썼다. 해결되지 않는 고민으로 혼자 힘들어하는 학생을 사랑하는 마음으로. 목숨보다 귀한 자녀가 심리적 문제를 겪고 있어서 심장이 녹아내리는 아픔을 안고 살아가는 보호자를 사랑하는 마음으로. 학교 현장에서 학생에게 적절한 도움을 주고 싶지만 방법을 몰라 마음이 답답한 교사를 사랑하는 마음으로. 학교 상담에 열정은 있으나 학교 현장이 낯설어 힘들어하는 전문상담교사를 사랑하는 마음으로. 무엇보다 내게 맡겨진 학생과 보호자, 교사들을 잘 돕고 싶었는데 서투른 자신을 자책하며 마음 앓이를 했던 과거의 나를 사랑하는 마음으로 썼다.

　이 책은 상담 상황에서 정답이 담긴 해답지도 아니고, 위기 상황에서 이렇게 하라고 알려 주는 지침서도 아니다. 한 명의 전문상담교사가 이것도 해 보고 저것도 해 보니 이렇더라라고 적은 실천서에 가깝다. 그래서 책 전체를 읽지 못하더라도, 교사가 급한 상황에서 필요한 부분만 찾아볼 수도 있도록 만들었다. 전문상담교사가 없던 학교문화에 상담을 정착시키기 위해 고군분투한 어느 교사의 끄적임이 누군가에겐 도움을, 누군가에겐 공감을, 누군가에겐 용기가 되었으면 좋겠다. 그리고 이 책을 읽는 모든 분들이 상담을 더 친숙하게 여기고, 상담을 좋아하게 된다면 더할 나위 없겠다.

차 례

3장 학교에서 하고 싶은 이야기

4장 학교에서 하고 싶지 않지만, 할 수밖에 없는 이야기

5장 초등학교에서 외국인 학생 상담하기

일러두기

* 가족유형의 다양화로 인해 학부모를 보호자로 총칭합니다.

* 본문에 수록된 사례는 사례자를 보호하기 위해 몇 가지 사항을 변경하여 각색하였습니다.

1장

상담에 대한 오해 풀기

1

상담은 이상한 사람만
받는 것이 아니에요.

상담은 감정을 가지고 있는 사람이라면 학생, 보호자, 교사 등 누구나 받을 수 있다. 상담은 심리적 문제 해결이나 감정 해소를 위해 받기도 하지만 개인의 성장을 위해서도 받을 수 있다.

상담이 생소한 보호자를 만났을 때는 먼저 방어적인 보호자의 마음을 충분히 공감하고 수용한 뒤, 누구나 상담을 받을 수 있으며 많은 학생들이 상담실에 방문하고 있음을 말씀드린다.

특히 보호자와 처음 연락하거나 만날 때는 학생 상담이 계속 유지될 수 있도록 보호자와 신뢰 있고 안정된 관계를 형성한 후에 학생에 대한 현실적이고 객관적인 피드백을 주는 것이 좋다.

상담교육 첫 시간에 하는 이야기

학생들을 대상으로 상담교육을 할 때 초반에 꼭 하는 이야기가 있다. "여러분, 상담은 특별한 사람이 받나요? 누구나 받을 수 있나요?" 처음 이 질문을 들었을 때는 학생들의 의견이 분분하다. 특별한 사람만 받는다고 말하기도 하고, 눈치가 빠른 학생은 누구나 받을 수 있다고 말한다. "상담은 특별한 사람만 받는 것이 아니라 감정이 있는 사람이라면 누~~~구나 받을 수 있어요. 여기 있는 학생들 중에 선생님! 저는 피도 눈물도 감정도 없습니다 라고 말할 수 있는 학생 있으면 손들어 보세요."라고 말하면 장난꾸러기들이 손을 들었다가 내린다. 가끔 솔직한 학생들은 고개를 갸우뚱거리기도 한다.

"상담은 우리의 감정과 마음에서 일어나는 일에 대해 이야기하는 것이에요. 그래서 감정과 마음이 있는 사람이라면 누구든지 상담을 받을 수 있답니다. 우리 감정과 마음이 항상 좋을 수는 없어요. 선생님이 지금은 여러분 앞에서 이렇게 웃고 있지만 저도 화날 때가 있고, 슬플 때도 있고, 무슨 마음인지 모를 정도로 복잡할 때도 있어요. 이 마음과 감정을 혼자 해결하지 못할 때 상담선생님인 저도 상담을 받을 수 있고, 학교에 있는 선생님도 상담을 받을 수 있고, 보호자도 상담을 받을 수 있고, 여러분들도 상담을 받을 수 있어요."

이렇게 말하면 학생들이 이해하는 눈빛으로 변한다. "누구나 상담을 받을 수 있기 때문에 여러분들도 마음과 감정에 해결하기 어려운 문제가 생기면 상담실에 오면 됩니다. 알았죠?"라고 말하면 교실이 떠나가도록 우렁차게 "네."라고 대답한다.

우리 초등학생들은 똑똑하다. 일 년이 지나 다음 학년에 상담교육을 시작하면서 "상담은 특별한 사람만 받을까요? 누구나 받을 수 있을까요?" 똑같은 질문을 던지면 답이 늦을세라 "누구나요!!!"라고 우렁차게 대답한다. 다른 대답을 하는 학생은 전학 왔거나 작년 상담교육 때 결석한 학생이다. 학생들에게 이해를 시킨 게 아니라 암기를 시킨 것일까 봐 다시 질문한다. "진짜 맞아요? 진짜 누구나 상담받을 수 있는 것이 맞아요?" 2년째 들은 학생들은 간혹 고개를 갸우뚱거리며 의심하기도 해서, 다시 상담을 누구나 받을 수 있는 이유에 대해 설명한다. 또 일 년이 지나 3년째 들은 학생들은 의심 없이 "네!! 누구나 받을 수 있어요." 확신을 가지고 대답한다. "상담은 누구나 받을 수 있기 때문에 상담실에도 누구나 올 수 있어요. 상담실이 궁금하거나 점심시간에 어디서 놀아야 할지 모를 때 상담실에 혼자 놀러 와도 되고, 친구들과 같이 와서 보드게임을 해도 됩니다. 대신 점심시간에 상담 예약이 잡혀있다면 다음 시간에 놀러 오세요."라고 말하면 전문상담교사는 올해의 점심시간을 학생들과 시끌벅적하게 지낼 수 있다. 내가 바빠질 걸 알면서도 매년 '누구나 상담실에 와도 된다.'라고 말하는 이유는 '상담실에 온다는 이유로 누군가가 차별받고 상처받는 일이 생길까.' 하는 나의 걱정 때문이다. 또한 도움이 필요한 학생들이 혼자 끙끙 앓지 말고, 누구나 와서 도움을 받았으면 하는 마음 때문이다.

상담을 처음 대하는 보호자의 반응

"선생님. 우리 애가 상담을 받을 정도로 이상한가요? 저희 애가 왜 상담실에 가서 상담을 받았죠?" 어느 보호자께서 속상해하며 상담실로 전화하셨다. 방과 후에 와서 교우관계 갈등으로 상담을 받았던 학생이 집에 가서 "오늘 학교 상담실에서 상담 받았어."라고 말했던 모양이다. '우리 애가 상담을 받을 정도로 이상한 아이인가' 싶어 놀라기도 하고, 상담 내용이 궁금한 보호자께서 전화하시는 상황이 종종 있다. "보호자님~ 아이가 상담실에 갔다고 하니 놀라셨지요. 제가 학급에 들어가서 상담교육을 하면서 상담은 특별한 사람만 받는 것이 아니라 감정을 가지고 있는 사람이면 누구나 상담을 받을 수 있다고 이야기를 합니다. 그래서 저희 학교 학생들이 상담실에 편하게 오는 편이에요. 심각한 문제를 가지고 오는 학생도 있지만, 교우관계 갈등이나 작은 고민을 가진 학생들이 찾아오는 경우도 많아요. 이 시기에는 친구에게 말하기도 어렵고, 보호자께 말씀드리자니 걱정하실까 봐 말을 못 하는 학생들도 있어서 상담실에 오는 것이니 걱정하시지 않으셔도 괜찮아요." 상담실에 누구나, 많이 온다는 것을 말씀드리면 안심하시는 경우가 많다.

정성스럽게 빚는, 보호자와의 첫 만남

곤란할 때는 이런 경우이다. 정말로 상담이 필요한 상황인데 "선생님 우리 애가 상담을 왜 받나요? 집에서는 아무 문제없는데요. 우리 애가 이상한가요?"라고 하실 때이다. 가정의 귀한 자녀가 학교에서 부정적인 평가를 받을까 봐 걱정하는 마음 혹은 아직 자녀의 상태를 받아들일 수 없는 보호자의 마음이 녹여져 있는 말이라 어떤 말로 대답을 드려야 할지 조심스러워서 표현을 고르고 고른다. "보호자님 말씀이 맞습니다. ○○이는 이상하지 않아요. 인사도 잘하고 적극적으로 행동하는 좋은 점도 있어요. 다른 학생들이 힘들 때 도우려는 마음도 많고요. 상황에 따라 행동을 조절할 수 있으면 좋은데, 과도하게 행동해서 수업 중에 방해가 될 때가 있다고 합니다. 스스로 자신의 행동을 조절할 수 있도록 도와주려고 상담을 해보자 말씀드렸습니다. 지금은 저학년이라 학생들이 부족한 점을 서로 이해하는데, 고학년이 되면 부적절한 행동이 교우관계에도 부정적인 영향을 미치거든요. 그래서 조기에 상담을 해서 문제행동을 수정하여 교우관계가 더 나빠지지 않게 도와주는 부분도 있고요. 학생이 상담을 받게 되면 염려되는 부분이 어떤 것인지 말씀해 주실 수 있을까요?" 부드럽고 완곡한 표현으로 다가가 본다. 혹자는 '학생의 상태를 왜 있는 그대로, 처음부터 솔직하게 말해주지 않을까? 보호자가 처음부터 학생의 상태를 알아야 하는 것이 아닌가?'라고 생각할 수도 있다. 보호자와의 첫 상담에서 학생의 상태를 객관적이고 현실적으로 알리는 것보다 중요한 것은 상담자가 보호자와의 안정된 관계를 형성하는 것이다. 전문상담교사가 보호자와 신뢰 있고 안정적인 관계를 맺어야 추후의 상담도 계속 진행될 확률이 높다. 학생의 상황을 현실적이고 객관적으로 전달한다는 목적으로 말씀드리다가 오히려 관계를 그르쳐 앞으로의 상담을 못 하게 되는 경우가 생기기 쉽다(나의 생생한 경험이다). 초등학생은 위기 상황이 아니면 일반적으로 보호자의 동의가 있어야 학교 상담실에서 상담을 진행할 수 있기 때문이다. 상담을 받아야 하는 학생의 보호자 동의를 받지 못하게 된다면, 전문상담교사 입장에서는 '내가 보호자를 설득하지 못해서 학생 상담이 이어지지 못하는 건가.' 자책하는 마음과 학생에 대해 안타까운 마음을 가진다. 더 걱정되는 쪽은 학생의 문제행동으로 인한 상황들을 고스란히 감당해야 하는 담임교사와 문제행동으로 인해 피해를 받을 수 있는 반 학생들이다. 그 생각에 보호자와의 첫 관계를 더욱 정성스럽게 빚으려고 노력하게 된다.

2

학생들이 어떤 이유로
상담을 받으러 오나요?

나이가 어리다고 고민이 없는 것은 아니다. 초등학생도 학교에서 나름 사회생활을 하고 있고, 성장하는 과정 중에 있기 때문에 고민도 많다. 주로 가족과 교우관계에서 일어나는 갈등을 해결하기 위해, 부주의하고 과잉행동, 충동 행동을 조절하기 위해, 우울·불안과 자해·자살 생각으로 인해, 진로 고민과 이성 교제에 대한 상담을 받기 위해 상담실에 방문한다.

상담실에 주로 오는 다섯 가지 이유

학교 위(Wee)클래스 상담실에 주로 상담받으러 오는 학생들의 사례를 살펴보니, 다음 다섯 가지로 구분할 수 있었다.

첫째, 관계에서 일어나는 갈등을 해결하기 위해 상담을 받으러 온다. 심한 경우 교우관계, 가족관계 등 관계에서 비롯된 문제의 갈등으로 인해 학교폭력의 가해자나 피해자, 아동학대와 가정폭력을 발견하게 되기도 한다. 빈도가 높은 경우는 교우와의 갈등이 생겼는데 이걸 어떻게 해결해야 할지 방법을 몰라서 찾아오는 경우, 친구 사귀는 방법을 모르는 경우, 방법은 알지만 행동으로 옮기려는 용기가 없는 경우, 용기를 내서 먼저 이야기를 했지만 상대방의 마음이 풀리지 않아서 불안한 마음으로 찾아오는 경우가 있다. 이렇게 찾아온 학생에게 가장 먼저 하는 말은 "사람들은 누구나 갈등이 생길 수밖에 없다고 생각해. 우리의 성격과 생각이 다 다른데, 각자 다른 사람이 모인 학교에서 어떻게 갈등과 불만이 없을 수 있겠니. 그래서 너희들도 갈등이 생길 수밖에 없고, 어른인 선생님들도 다른 사람들과 갈등을 겪는단다. 중요한 것은 갈등이 생겼을 때 이것을 어떻게 받아들이고, 어떻게 해결하는지가 중요해. 일단 이것을 해결하기 위해 상담실에 찾아온 것은 아주 잘했어."라고 격려한다. 학생이 갈등을 해결하려는 마음을 가진 것 자체를 지지해 주는 것이다. 이후에는 성격이나 상황에 맞게 여러 가지 해결 방법을 함께 생각해 보고, 연습해 보기도 한다. 용기가 없는 친구에게는 용기를 냈을 때 일어날 상황과 용기를 내지 않고 이대로 있었을 때 일어날 상황에 대해 비교해 보기도 한다. 용기를 냈지만 상대방의 마음이 풀리지 않아서 불안한 친구에게는 지금 현재 네가 불안을 느끼는 것이 당연하며, 불안을 견디는 법과 관계에는 시간과 인내가 필요함을 이야기 한다.

둘째, 사회적으로 부적절한 반응 비율이 높은 과잉행동을 자주 보이고, 감정 조절이 어려워 공격적인 행동으로 타인에게 자주 피해를 주는 경우 담임교사나 보호자에 의해 상담실로 의뢰된다. 전문상담교사는 담임교사와 보호자가 관찰한 내용을 바탕으로 학생을 상담을 하면서 문제행동의 원인과 맥락을 파악한다.

자신의 불편한 감정을 언어로 표현하기 어려워서 과격하게 행동으로 표현하는 경우에는 공격적인 행동 대신에 평화롭게 자신이 원하는 것을 말할 수 있는 방법인 '나 전달법'을 알려 주고 함께 연습한다. 화가 났을 때 자신의 감정을 주체하지 못해서 충동적으로 행동하는 경우, 바로 반응하지 않고 잠시 그 자리를 피하는 연습을 하도록 한다. 이는 감정적으로 흥분하면 이성적으로 반응하기 어렵기 때문이다. 잠시 시간을 가지거나 심호흡을 하면서 감정을 가라앉힌 후에 자신이 원하고, 말하고자 하는 바를 '나 전달법'으로 표현할 수 있도록 연습한다. 공격적인 언행이 만성화되었을 경우, 보호자 상담을 통해 과거 성장과정이나 가족 역동을 파악한다. 가족 구성원들이 화가 났을 때 공격적으로 표출하는 경우라면, 보호자와 학생이 감정을 조절하고 건강하게 표출하는 방식을 함께 배우면 좋다. 학생은 보호자가 감정을 표현하는 방식을 보고 배우는 경우가 많기 때문이다. 하지만 이는 보호자가 적극적으로 협조해 주셨을 때 가능하기에, 학교상담에서는 보호자가 자신의 감정 표현 방식에 문제가 있다는 것을 인식하게 하는 것부터 시작한다. 부주의, 과잉행동, 충동적인 정도가 임상적인 범위에 해당된다고 사료되는 경우, 정신건강의학과의 진료나 종합심리검사(풀배터

리 검사, Full Battery Assessments)를 권유 드린다. [3]

셋째, 말과 행동이 위축되어 있고 또래와의 교류가 거의 없으며 표정이 어둡거나 우울해 보이는 경우, 조용해서 다른 학생들에게 피해를 주지 않으니 저학년 때는 성격과 기질로 생각되는 학생들이 있다. 성격과 기질이 조용한 경우에는 성향이 비슷한 학생들끼리 친해져서 또래와의 교류가 생기기도 하지만, 또래와의 교류가 거의 없다면 관심 있게 관찰할 필요가 있다. 그중의 일부는 학년이 올라가면서, 우울이나 불안을 어떤 방식으로든 표출하거나 선택적 함구증, 자해 혹은 자살 생각이 발견되어 상담실에 의뢰된다. 또한 가정환경의 어려움이나 보호자들의 불화로 우울과 불안을 겪는 학생들이 있는데, 언어로 자신의 심리적 어려움을 말하지 않지만 옷차림이나 준비물 챙김의 여부, 일기나 그림 등으로 발견되기도 한다. 자해나 자살을 생각하는 원인 중에서 가정환경의 어려움이나 보호자들의 불화 등 가정적인 문제가 크게 차지하고 있다고 한다.

학교와 교사는 학생의 가정환경을 바꿀 수는 없지만, 교실에서 발견하였을 때 상담실에 의뢰할 수는 있다. 전문상담교사는 학생을 상담하면서 가정에 필요한 지원 프로그램이나 지역사회 기관에 연계할 수 있

---

3) 「교원의 학생생활지도에 관한 고시」 제9조 3항에 따르면 학교의 장과 교원은 학생의 문제 개선을 위하여 전문가의 검사·상담·치료를 보호자에게 권고할 수 있다. 출처: 국가법령정보센터

고, 학생에게 무조건적인 긍정적 존중과 수용, 사랑과 돌봄으로 결핍된 마음을 조금 채워줄 수도 있다. 상담실에 의뢰하는 것은 세상에 혼자 있다고 생각하는 학생에게 기댈 만한 언덕을 만들어 주는 것이라고 생각해 주셨으면 좋겠다.

 넷째, 진로에 대한 고민으로 상담실에 찾아온다. "선생님. 저는 꿈이 없어요."라고 오는 학생이 있다. 여기서 말하는 꿈은 내가 커서 가지고 싶은 직업을 의미한다. 이 학생에게는 "지금 네가 꿈이 없는 게 이상한 것이 아니야. 지금 너는 꿈이 없어도 돼. 꿈이란 건 이것도 경험해 보고, 저것도 경험해서 내가 무엇을 좋아하고, 무엇을 잘하는지 알아야 찾을 수 있는 거야. 그래서 지금 이 시기에 네가 이때까지 해 보지 않았던 활동도 참여해 보고, 기관에서 하는 여러 프로그램에도 참여해서 많이 경험하면 좋겠어. 많이 경험해야 내가 좋아하는 것, 즉 흥미를 알게 되고, 내가 잘하는 것, 즉 적성을 알게 돼서, 흥미와 적성에 따라 나의 진로를 선택해 나가면 되는 거야."라고 말한다. 필요하면 진로 관련 검사를 통해 자신의 적성과 흥미를 찾을 수 있도록 도와준다.
 "저는 운동선수가 되고 싶은데, 부모님은 의사가 되라고 하세요."라는 고민으로 찾아오는 학생도 있다. 학생과 보호자가 원하는 꿈이 다를 때 학생은 지금 당장 결정해야 하는 것처럼 걱정하는 경우가 있다. 특히 학생이 되고 싶은 직업과 보호자가 원하는 직업의 분야가 많이 다를수록 학생은 더 많이 고민한다. 이런 경우에는 학생이 그 직업을 가지고 싶은 이유와 보호자가 그 직업을 권유하시는 이유를 들은 다음, 보호자와 생각이 달라서 느끼는 불안한 마음을 먼저 다루어 준다. 이후 직업을 선택할 때는 흥미, 적성, 능력, 가치관 등 여러 기준에 따라 선택할 수 있음을 설명한다. 앞으로 학생이 겪을 경험들을 통해 어떤 직업이 나한테 맞을지 점검할 수 있는 기회가 있다고 조언함으로써 학생이 심리적 안정감을 가질 수 있도록 돕는다.

다섯째, 요즘 이성 교제 경험이 빨라지면서 이성 교제와 관련된 상담을 하러 오는 학생들이 늘고 있다. 특히 5·6학년 학생들이 주로 온다. 처음에는 상담을 받으러 온 학생이 하는 이야기를 몇 회기에 걸쳐서라도 충분히 듣는다. 듣는 동안은 조언이나 간섭, 반대하는 언행은 하지 않고, 무조건적인 수용과 응원하는 마음으로 듣는다. 이 과정을 통해 학생은 존중과 이해받는 느낌을 받으며 전문상담교사를 신뢰하게 된다. 초등학생의 이성 교제 이야기를 들을 때 "그건 아니다."라며 간섭과 조언을 하고 싶은 욕구가 솟구치더라도 참는다. 일단 충분히 듣는 이유는, 학생이 수용되는 느낌을 받고, 전문상담교사를 신뢰하게 될 때 비로소 조언을 듣기 때문이다. 또한 학생의 이야기를 들으면서 이성 관계의 패턴뿐만 아니라, 교우관계와 보호자와의 애착관계, 학생의 심리적 문제도 파악하고 개입할 수 있다. 내가 학생에게 진심을 다하고 있다는 것을 전하기 위해 "이건 상담선생님이 아니라, 언니(누나)로서 하는 말이야."라고 시작한다. 그들의 감정을 존중하되 나의 솔직한 생각을 이야기하며 건강하고 현실적인 의사결정을 할 수 있도록 돕는다. 학생들은 이성 교제를 하면서 어른들의 걱정을 듣지 않기 위해 숨기기도 하는데, 서투른 관계에 조언을 해줄 역할이 필요하다. 나는 상담실에서 이성 교제에 대해 현실적으로 이야기해 주는 언니와 누나의 역할을 하고 싶다.

그렇다면 상담은
어떤 학생이 받아야 하나요?

「학생정서·행동특성검사」에서 관심군으로 나왔거나 심리검사와 심리평가 척도에서 정상 기준을 벗어났을 경우, 갑작스러운 사건으로 인해 밥을 못 먹거나 잠을 못 잘 정도로 일상생활이 어려울 경우, 또래집단의 일반적인 범주에서 크게 벗어난다고 여겨질 경우, 우울과 불안의 정도와 공격적이고 충동적인 행동이 심할 경우, 자해와 자살 생각이 발견되었을 경우, ADHD, 선택적 함구증, 틱장애의 경우 상담을 받아야 한다고 생각한다.

학교상담의 목적은 '예방'이다. 우리가 몸이 약할 때 영양제를 먹어 면역력을 기르고, 아플 때 약을 먹어 더 심한 질환으로 진행되는 것을 막는 것처럼, 심리적인 문제도 더 심해지지 않도록 예방할 수 있다. 그 예방하는 방법이 바로 '상담'이다. 인간의 마음은 보이지 않는다. 그래서 어떤 학생이 상담을 받아야 하는지, 받지 않아도 되는지에 대한 기준을 궁금해 하신다. 상담을 받아야 하는 학생을 선정하는 기준이나 방법, 사례를 정리해 보았다.

심리검사와 심리평가 척도에 의한 내담자 선정

우리의 앞선 연구자들은 인간의 마음과 행동을 과학적으로 풀어낸 '심리학'을 연구하여 인간의 마음을 수치화할 수 있는 표준화 심리검사나 심리평가 척도를 개발하였다. 심리검사에서는 검사도구의 여러 조건이 있는데 그중에서 특히 신뢰도, 타당도, 객관도가 중요하다. 신뢰도란 측정하고자 하는 것을 얼마나 일관성 있게 측정하는가의 정도로, 여러 번 측정했을 때 동일한 결과가 나오지 않는다면 신뢰도가 낮은 검사 결과가 된다. 타당도란 측정하고자 하는 것을 얼마나 충실하게 측정하는가의 정도로, 스트레스를 측정하기 위해 만든 척도는 스트레스 정도가 측정되어야지 성격을 측정하는 검사가 된다면 타당도가 낮은 검사 결과가 된다. 객관도는 여러 검사자가 평가해도 일치된 평가가 나오는 정도로, 여러 사람이 측정했을 때 결과의 차이가 크다면 객관도가 낮은 검사 결과가 된다.

심리검사와 심리평가 척도는 본인 혹은 가족, 교사 등의 사람이 문항을 읽고 정도를 응답한다. 그런데 사람마다 어떤 현상과 증상의 정도를 인지하고 평가하는 기준이 다르다. 어떤 사람은 증상보다 심각하게 인지하여 문제가 심각하다고 응답하고, 어떤 사람은 증상을 약하게 인지하여 문제가 없다고 응답할 수도 있다. 때로는 문항의 뜻을 잘못 이해하여 사실과 다르게 응답할 수도 있다. 이러한 이유 때문에 본인이나 가족, 주위에서 심리검사 결과를 받아들이지 못하는 경우도 있

마음을 연습하는 상담실

다. 대표적인 상황이 「학생정서·행동특성검사」이다. 정상군의 범주로 예상되는 학생이 관심군 학생으로 결과가 나왔다면, 검사에 응답한 보호자가 불안과 학생을 바라보는 기준이 높거나, 문항의 뜻을 잘못 이해한 경우 등 여러 원인을 예측할 수 있다. 반대로 관심군의 범주로 예상되지만 정상군 학생으로 결과가 나왔다면, 검사에 응답한 보호자가 학생의 상태를 제대로 인식하지 못한 채 응답했거나 좋은 결과를 위해 의도적으로 긍정 응답을 하는 등의 다양한 원인을 예측할 수 있다. 이런 경우 「업무포털-나이스-학생정서·행동특성검사」에서 신뢰도 부분을 살펴보면 「낮음」으로 나온다. 일반적인 심리검사에서는 검사자가 검사대상자에게 검사에 대한 설명을 충분히 하고, 검사대상자가 솔직하고 일관성 있게 응답한다면 심리검사와 심리평가 척도의 신뢰도를 향상시킬 수 있다. 그래서 「학생정서·행동특성검사」에 응답하기 전, 보호자에게 검사 실시에 대한 동영상을 꼭 시청하도록 하고 검사의 이해를 높이기 위한 가정통신문을 발송한다. 「학생정서·행동특성검사」에서 관심군 학생으로 결과가 나올 경우 학교 상담실에서 상담을 받거나, 외부 상담기관, 병원 등으로 연계할 수 있도록 보호자에게 권유하고 있다.

학교에 위(Wee)클래스 상담실이 있는 경우, 심리검사와 심리평가 척도를 실시할 수 있다. 검사 결과가 정상 범위에서 벗어날 때 지속적인 상담을 권유하고 있다. 학교에 위(Wee)클래스 상담실이 없는 경우에는 해당 지역의 교육지원청 위(Wee)센터, 청소년상담복지센터, 정신건강복지센터에서 심리검사를 지원받을 수 있다.

담임교사의 발견과 전문상담교사의 자문

교실은 같은 나이의 또래 학생들이 모여 있기 때문에 동일한 발달단계에 해당되는 학생들을 동시에 관찰하기 좋은 곳이다. 담임교사는 학생이 일반적인 범주를 벗어난 언어와 행동을 할 경우 전문상담교사와 이야기를 해보는 것도 좋다고 생각한다. 또한 학생이 평소에는 괜찮았지만 가까운 사람과의 이별, 갈등, 고민 등의 갑작스러운 사건으로 계속 걱정과 불안한 생각이 떠오르고, 식사를 잘 못하거나 잠을 못 잘 정도로 일상생활을 유지하기 힘들다면 학교에서는 전문상담교사, 외부에서는 상담전문가의 의견을 받아보는 것이 좋을 것 같다.

또래 학생들의 일반적인 범주에서 벗어난 언어와 행동은 교사들이 알아챌 정도로 크게 눈에 띄기도 하지만, 교실에 조용히 있는 학생이라고 문제의 강도가 약한 건 아니다. 교실에 조용히 있지만 일반적인 범주에서 벗어난 학생을 보면서, 선생님은 상담을 받아야 되는 학생이 맞는지 명확히 판단을 내리지 못해서 학교 상담실에 의뢰를 주저하고 계실 수도 있다. 전문상담교사의 입장에서 말씀드린다면, 선생님께서 약간의 이상함을 느끼는 학생이 있다면 명확하지 않더라도 일단 전문상담교사와 상의를 해 보시라고 말씀드리고 싶다. 전문상담교사는 선생님께서 학생을 관찰한 내용을 듣고, 상담이 필요한 학생인지 생각해

볼 수 있다. 필요하다면 직접 학생 및 보호자와 상담을 진행하여 이 학생이 어느 정도의 상담이 필요한 학생인지, 상담보다 다른 도움이 필요한 학생인지 의견을 드릴 기회를 가질 수 있다. 전문상담교사는 선생님이 학생의 문제행동이나 어려움을 함께 상의해 주는 것을 굉장히 반기고 좋아한다. 왜냐하면 전문상담교사는 학교에 한 명이고, 전교생은 광범위한 다수이기 때문에 전교생의 상황을 일일이 파악하기 힘들다. 그래서 선생님들께서 먼저 말씀해 주시면 상담과 도움이 필요한 학생이 누구인지 파악하는 데 큰 도움이 된다. 가끔 전문상담교사도 상담교육과 상담실 행사를 하거나 학교에서 마주치는 학생을 보며 '저 학생은 상담받으면 좋겠는데…'라는 생각이 들 때도 있다. 하지만 거부감을 느끼실 까봐 먼저 말하지 못하는 경우가 있기 때문에 선생님, 학생, 보호자의 방문은 언제나 반갑다.

학교생활을 하면서 선생님들과의 라포 형성이 중요하다는 생각을 많이 한다. 나와 라포가 형성되어 있는 담임교사의 학급에 상담이 필요한 학생이 있으면, 전문상담교사 입장에서는 편하게 그 학생이 어떤지 먼저 말을 건네어 볼 수 있다. 그런데 담임교사와 대화해 본 적이 없어서 성향이 어떤지 모르거나 담임교사께서 '초등학교에 있는 전문상담교사'를 처음 만나시는 경우, 내가 그 학생이 어떤지 먼저 말을 건네야 할 때는 많이 고민하고 조심스럽게 다가가게 된다. 선생님들의 입장도 마찬가지라고 생각한다. 어떤 선생님께서 '학생을 상담실에 의뢰하고 싶은데 저 전문상담교사의 성향이 어떤지, 전문상담교사가 상담과 업무가 많은데 내가 괜히 더 힘들게 하는 건 아닌지' 생각이 들어 학생의 상담 의뢰를 고민한 적이 있다고 말씀해 주신 적이 있다. 덕분에 '선생님들도 나와 같은 마음이구나.' 알게 되었고, 복도에서 마주칠 때라도 먼저 반갑게 인사해야겠다 마음먹은 계기가 되었다.

일반적인 범주를 벗어난 학생의 예

학생이 타인에게 자주 화를 내거나 공격적인 행동을 한다면, 자신의 감정과 생각을 언어로 표현하는 데 미숙하거나, 표현을 했지만 수용받지 못해서 내면에 분노가 쌓였을 가능성이 높다. 또는 감정 조절이 되지 않아서 충동적인 행동으로 표출되기도 한다. 교실에서 화가 날 때 물건을 던지고 때리거나, 타인에게 커터칼, 가위를 들고 위협하는 것이 여기에 속한다.

학생이 자신에게 화를 돌리는 양상을 '우울'이라고 본다. 즉, 우울은 자신을 향한 분노이다. 모든 것을 자신의 탓으로 생각하기 때문에 자신을 자책하고 무가치하다고 생각한다. 과거에 있었던 나쁜 기억과 상처받은 상황이 반복해서 생각나고, 이로 인해 수면과 식욕이 과도하게 많아지거나 적어지기도 한다. 활력을 상실하여 무기력하고, 평소보다 판단력과 집중력이 떨어지기도 한다. 그래서 이렇게 사는 것보다 죽는 게 낫다고 생각한다. 그러나 아동기 우울의 양상은 성인들이 보이는 증상 외에 다른 양상으로 나타날 수 있다. 두통이나 복통 등의 신체 증상을 자주 호소하며, 등교를 거부하고, 평소보다 보호자에게 더 집착하는 모습을 보인다. 평소보다 사소한 일에 더 예민하게 반응하고 짜증을 잘 내서 다른 학생들과 마찰이 자주 일어난다. 신체적 문제가 없는데도 몸에 힘이 빠지기도 하고, 감정이 없는 것처럼 보이기도 한다. 산만하고 활동적인 모습을 보이다가도 다시 처지고, 초조하고 불안한 증상을 반복하기도 한다. 특히 아동은 자신의 심리적 문제를 스스로 인식하기 어렵기 때문에, 위와 같은 행동 변화가 있는지 주위에서 세심하게 관찰할 필요가 있다. 이런 심리적 어려움을 최소 2주 이상 느낀다면 상담이 필요하다고 생각한다.

요즘 자해하는 학생이 증가하고 있고, 자해를 시작하는 연령은 낮아지고 있다. 초등학교 저학년에서는 자신의 마음대로 안 되거나 화가 날 때 자신의 머리, 뺨, 몸을 때리는 행동을 보이는 경우가 있다. 고학년의 경우는 커터칼, 샤프, 볼펜, 자신의 손톱 등을 사용하여 자신의 신체를 해하는 경우도 있다. 학생들이 자해와 자살을 생각하는 원인은 다양하겠지만 가정의 문제가 많은 영향을 미친다고 한다. 가정에서 학생에게 적절한 돌봄과 정서적 공감을 해 주지 못한다면, 가정 다음으로 학생이 많은 시간을 보내는 학교로 그 역할이 돌아올 수밖에 없다. 교실에는 다수의 학생이 있어서 학생 개인별로 결핍을 채워 주는 데는 한계가 있다. 그래서 일대일로 관계를 맺을 수 있는 상담실에서 상담하면서 관심과 공감이 필요한 학생의 마음을 채우는 데 도움을 줄 수 있다.

ADHD가 많기는 하지만 모두가 ADHD는 아니다

ADHD라고 불리는 주의력결핍 과잉행동장애는 초등학생들도 알 정도로 유명한 진단명이 되었다. 가끔 활발한 성격의 고학년 학생이 와서 "선생님, 저 ADHD가 아닐까요?" 물어보는 경우가 종종 있다. "주의가 산만하거나 행동이 활발하다고 해서 모두 ADHD는 아니다. 네가 산만한 경향이 있을 수 있으나 ADHD라면 선생님이나 보호자가 이미 인지했을 것이다."라고 대답해 주면 학생이 안심한다. ADHD 진단을 받는 학생들이 예전보다 많아졌다. 그런데 ADHD로 의심하는 학생들이 ADHD로 진단받는 경우도 다수 있지만 모두 ADHD는 아닌 것 같다. 아동기의 우울과 불안 양상은 성인과 달라서 학생이 우울하고 불안하면 주의가 산만하고 집중이 어렵고, 충동적인 행동을 할 수도 있다. 공격적이고 감정 조절이 어려운 보호자, 비일관적인 양육태도와 불안한 가정환경에서 자란 학생도 공격적이고 충동적이며, 산만한 양상을 보이기도 한다. 그래서 우리의 관찰만으로는 진단할 수 없기 때문에 의심이 되면 종합심리검사(풀배터리 검사)를 받거나 정신건강의학과 진료를 받아서 문제행동의 원인과 현재 상태를 파악하여야 한다. 가정환경의 영향으로 ADHD일 수도 있고, 우울과 불안일 수도 있고, 다른 진단명일 수도 있다. 약물치료를 권유받을 수도 있고 지속적인 상담을 권유받을 수도 있다. 따라서 진단받을 정도는 아니지만, 주의가 산만하고 충동적이며, 스스로 자신의 행동과 감정을 조절할 수 없는 경우, 상담을 통해 문제행동을 수정하고 자기조절 능력을 향상시킬 수 있다. 또한 보호자와 상담을 진행하여 문제행동의 원인을 찾고, 양육태도와 가정환경에 긍정적인 변화를 줄 수 있도록 교육할 수도 있다.

조용한 학생들의 보이지 않는 마음

성격과 기질이 원래 차분하고 조용한 학생이 있다. 하지만 성격과 기질보다는 심리적인 어려움으로 인해 학급에서 조용한 학생도 있다. 요즘 선택적 함구증을 가진 학생이 전보다 많이 있다. 선택적 함구증은 말을 할 수 있음에도 특정 장소나 상황에서만 말을 하지 못하는 증상이 1개월 이상 지속되고 교육적 성취나 사회적 의사소통을 방해할 때 진단[4]받을 수 있다. 불안장애의 한 범주로 분류되며, 특정 장소나 상황에 대한 두려움과 공포감을 가지고 있는 것으로 보인다. 주로 가정에서는 말을 잘하지만, 학교에서 말을 하지 못하는 상황이 많다. 이런 경우 가정에서는 마음이 편하니까 학교에서 못했던 말까지 하느라 말을 많이 하고, 잘한다. 그래서 보호자는 학생이 학교에서 어떤 모습인지 교사가 이야기할 때까지 모르는 경우도 있고, 말씀드려도 직접 보지 못했기 때문에 심각한 정도를 받아들이지 못하는 경우도 있다. 학교에서는 다른 학생과 의사소통이 어렵고 긴장하고 위축되어 발표

---

4) 참조: DSM-5 정신질환의 진단 및 통계 편람

도 못하지만, 학업이나 다른 활동의 수행 능력이 높은 경우도 있어서 '말만 못 하지 다른 건 잘하니까.'라고 생각할 수도 있다. 교사가 너무 안타까워 병원 진료를 권유 드리면[5] 보호자는 "가족 중에 ○○도 어릴 때 그랬대요."라고 말씀하시며 학생이 더 크면 괜찮아진다고 생각하는 분들이 있다. 물론 시간이 지나고 학생이 크면서 괜찮아지는 경우도 있다. 하지만 시간이 지나고 학생이 크면서 더 심해지는 경우도 있다. 나도 학생들이 크면서 자연스럽게 좋아지면 좋겠다. 그런데 학생이 학교에서 오롯이 혼자 자신의 불안을 견뎌야 하는 시간과 말을 하지 못하면서 생기는 위축감, 놀이 시간에 혼자 가만히 앉아있는 학생을 보고 있자니, '그 시간'이 너무 아깝고 '그 학생'이 너무 안타깝다. 어떤 보호자는 학생의 상태를 전해 들을 때마다 학생에게 "너 학교에 가서 말 안 하면 병원에 데리고 갈 거야."라고 강도 높게 말씀하시는 경우가 있다. 보호자의 마음이 얼마나 답답하고 걱정이 되면 그러셨을까 이해된다. 그런 경우 바람과 달리 원래 불안이 높은 학생을 더욱 불안하게 하고, 도움받을 수 있는 병원을 혐오와 두려움의 공간으로 인식하게 만든다. 강하게 교육해도 그 학생은 학교에서 좋아지지 않을 수도 있다. 왜냐하면 그 학생은 '안' 하는 게 아니라 심리적인 원인으로 '못' 하는 것이기 때문이다. '시간'을 두고 천천히 발달하는 학생은 분명히 있

---

5) 「교원의 학생생활지도에 관한 고시」 제9조 3항에 따르면 학교의 장과 교원은 학생의 문제 개선을 위하여 전문가의 검사·상담·치료를 보호자에게 권고할 수 있다. 출처: 국가법령정보센터

지만, 기다리는 그 '시간'에 상담을 받고 병원 진료를 받는다면, 학생이 학교에서 즐거운 수업활동, 친구들과 작지만 소소한 수다와 신나는 시간을 많이 보내게 되어 인생에 더 좋은 '시간'들을 만들어 줄 수 있다고 생각한다.

나도 학생의 심리상태를 보고 어떤 개입을 해야 할지 애매하거나 혹은 심각한 상황인데 보호자께서 완고하실 때, 상담자로서 고민될 때가 있다.

"이 학생이 내 아들이라면, 내 딸이라면 나는 어떻게 했을까.

이 가족이 내 가족이라면, 나는 어떻게 했을까."

이렇게 생각하면 결정 내리기 힘든 상황에서 내가 어떻게 대처해야 할지 분명해졌다. 그래서 보호자께서 고민하실 때도 "보호자께서 고민하시는 이유도 충분히 이해합니다. 저도 학생을 보며 어떻게 개입해야 할지 고민이 많았습니다. 그런데 ○○이가 내 아들이라면, 내 딸이라면 저는 이렇게 할 것 같습니다."라고 말씀드린다. 전문상담교사의 그런 시각이 보호자에게 진심으로 전해졌으면 좋겠다.

4

'문제학생'보다는
'문제행동을 가진 학생'이라고 불러요.

> 학생의 행동이 문제이지, 학생의 존재 자체는 문제가 아니다.
> 그래서 '문제학생'보다는 '문제행동을 가진 학생'이라고 표현하면 좋겠다.
> 우리는 모두 좋은 점과 나쁜 점을 다 가지고 있다.
> 하나의 상황으로 평가하거나, 작은 갈등으로 손절하기보다 친구의 좋은 점
> 을 생각하며 시간을 두고 기다리는 연습도 하자. 나의 나쁜 점도 누군가에게
> 이해받고 있다.

학생의 존재 자체는 문제가 아니다

사회면 기사나 우리 일상에서, 혹은 학교 현장에서 '문제학생'이라는
말을 쓴다. 문제학생의 기준이 정해져 있지 않지만 보통 반복해서 문제
행동을 하고, 지속적으로 훈육을 해도 고치지 않는 학생을 문제학생이라
고 지칭한다. 학교 현장에서는 선생님마다 기준이 다르기에 어떤 선생
님에게는 문제학생이 되지만, 어떤 선생님에게는 괜찮은 학생이 된다.

마음을 연습하는 상담실

'문제학생'의 단어를 떠올리면, 그 학생 전체를 문제라고 지칭하는 것처럼 나는 느껴진다. 문제학생이라는 단어를 사용하는 사람도 그 학생 전체가 문제라고 지칭하는 것은 아닐 것이다. 문제는 그 학생의 '행동'이 문제이지, 학생의 존재 자체는 문제가 아니라는 것에 우리 모두 동감한다. 그래서 '문제학생'보다는 '문제행동을 가진 학생'이라고 지칭하는 것이 어떨까 생각한다.

어느 날 상담 중에 보호자께서 "선생님. ○○이가 학교에서 문제학생인가요? 솔직하게 말해 주세요."라고 물으셨다. "○○이는 문제학생이 아닙니다. 다만 학생의 행동이 문제가 되고 있습니다. 이 잘못된 행동은 선생님과 보호자, 우리 어른들이 바른 행동으로 바꿀 수 있도록 가르쳐 주면 됩니다. 가정에서도 학생에게 더 관심을 가져 주세요. 학교에서도 상담을 통하여 문제행동의 원인을 파악하고, 해결 방법을 찾을 수 있도록 함께 돕겠습니다."라고 말씀드렸다. 교우 간의 갈등과 공격적인 행동이 잦은 학생이 상담시간에 들어오면서 "선생님~ 저희 반 애들이 저한테 계속 문제아라고 해요."라고 말했다. '문제아'란 말을 듣고 많이 속상한 모양이었다.

"○○이가 문제아란 말을 듣고 속상했구나. 네가 하는 행동이 다른 학생들에게 피해를 주니까 힘들어서 너에게 그런 말을 한 것 같아. 너는 문제아가 아니야. 단지 네가 다른 학생들에게 피해를 주고 있는 행동이 문제인거야. 너의 존재 자체는 문제가 아니고, 귀하고 소중해. 네 행동이 문제여도 네 존재가 귀하고 소중한 건 바뀌지 않아. 네가 다른 학생들에게 피해를 주는 행동만 바꾸면 되기 때문에 선생님이랑 계속 상담하는 거야."

문제행동으로 다른 학생들에게 피해를 주지만 순수한 면이 있는 학생이라 이 말을 듣고 얼굴 표정이 환해지는 것을 느낄 수 있었다.

동시에 가질 수 있는, 좋은 점과 나쁜 점

학생이나 보호자와 상담하면서 내가 자주 하는 말이 있다.

"우리는 모두 좋은 점과 나쁜 점을 다 가지고 있어요. 좋은 모습을 보여 주다가 갑자기 나쁜 행동을 했다고 해서 나쁜 사람이 되는 것은 아니에요. 반대로 나쁜 모습을 보여 주다가 갑자기 좋은 행동을 했다고 해서 좋은 사람이 되는 것도 아니에요. 원래 우리는 모두 좋은 점과 나쁜 점을 다 가지고 있는데 좋은 점이 더 많이 드러나면 좋은 사람이라 생각하고, 나쁜 점이 더 많이 드러나면 나쁜 사람이라고 생각하는 것 같아요. 또 나한테 잘해 주면 좋은 사람이라고 생각하고 나한테 못해 주면 나쁜 사람이라고 생각하는 것 같아요. 그래서 나에게 좋은 사람이 다른 사람에게는 나쁜 사람일 때도 있어요. 우리가 어떤 사람을 이해하고자 할 때 좋은 점과 나쁜 점을 다 가진 다양한 존재라고 생각하는 것이 좋습니다."

이 말은 상담이론 중에 대상관계 이론을 바탕으로 하고 있다. 대상관계 이론에서 말하는 '건강한 사람'은 대상에 대해 통합성을 확립한 사람이다. 이는 대상을 좋은 사람과 나쁜 사람으로 분리해서 부분적으로 바라보기보다 좋은 점과 나쁜 점을 동시에 통합하여 인식하는 것을 말한다.

친한 친구와 갈등이 생겼을 때 '손절'하고 싶다고 상담실에 찾아오는 학생들이 생각보다 많다. 초등학교 1학년도 '손절'이라는 단어를 쓰고, 친구에게 "손절하자" 쪽지를 쓴다는 이야기도 들었다. 요즘 초등학교 3·4학년 학생들에게 많이 듣는 고민이 "친구가 손절하자고 했다." 혹은 "친구와 손절하고 싶다."이다. "친구와 손절하고 싶다."는 고민을 가진 학생에게는 먼저 그 친구가 너에게 폭력이나 피해를 주었는지 확인한다. 실제로 피해를 주는 학생이라면 선생님의 개입이 필요하고, 관계에 거리를 두는 것이 맞기 때문이다. 평소에 친하게 지내다가 사소한 갈등이 생긴 거라 여겨지면 그 학생에게 솔직하게 물어본다. "선생님이 지금 너의 이야기를 잘 듣고 너의 마음을 이해만 해 주면 좋겠어? 아니면 이 상황을 해결하기 위해 솔직한 선생님의 생각도 이야기해 주면 좋겠어?" 요즘 초등학생들도 자기가 듣고 싶은 말만 듣고 싶어 하기 때문에 "맞춤형 상담"을 위해 물어본다. 나의 마음만 공감해 주면 좋겠다고 하는 학생에게는 그 친구로 인해 속상하고 힘들었던 마음을 공감해 준다. 이 상황을 해결하기 위한 도움을 주었으면 좋겠다고 대답하는 학생에게는 다음과 같이 말한다.

"우리는 모두 좋은 점과 나쁜 점을 다 가지고 있어요. 상담선생님인 나도 좋은 점과 나쁜 점을 다 가지고 있고 너도 좋은 점과 나쁜 점을 다 가지고 있어요. 그렇기 때문에 좋다고 생각한 사람에게서 나쁜 점을 발견했다고 해서 바로 돌아서지는 말고, 친구의 좋은 점을 생각하며 기다려 주고, 참아 주는 연습을 해볼 수 있을까요?"라고 물어본다. 또한 "다른 친구들도 너에게서 나쁜 점을 발견할 수 있는데, 그때마다 너에게 손절하자고 하면 너의 마음은 어떨 것 같아요?"라고 질문하여 상대방의 입장에서 생각해 볼 수 있는 시간을 가지기도 한다. 상대방의 입장을 생각해 보려고 노력하는 학생도 있고, 그냥 듣고만 가는 학생도 있다. 이렇게 상담한 후에 상담실에 다시 와서 이제 그 친구와 사이좋게 지내고 있다고 밝은 표정으로 소식을 전해 주는 친구도 있고, 아무 소식이 없는 친구도 있다. 한 번의 상담으로 갈등을 일어나는 관계 패턴이 변하지 않겠지만, '우리는 모두 좋은 점과 나쁜 점을 다 가지고 있다.'는 생각이 학생의 마음속에 남았으면 좋겠다. 그리고 그 생각이 앞으로 살아가면서 성숙한 관계를 맺는 바탕이 되길 기원한다.

우울감을 느끼는 것과
우울장애는 달라요.

> 우울장애는 정신건강의학과 의사에게 진단받는 것이고, 우울감은 우울한
> 일이 있을 때 당연히 느껴야 하는 감정이다.
> 우울감을 느낀다고 해서, 다 우울장애는 아니다.
> 상황에 맞게 감정을 느껴야 정신이 건강한 사람이다.

모든 감정은 다 괜찮다

요즘 TV에서 아동, 성인, 부부, 가족 등의 생활을 직접 촬영하여 관찰하면서 해결책을 제시하는 프로그램이 많다. 학생들도 보는지 서로에게 '금쪽이'라는 말을 자주 사용한다. 나는 그런 종류의 프로그램을 가능하면 안 본다. 그런 내용은 내가 일상에서 자주 접하는 내용이기 때문에 보기만 해도 일하는 느낌이 들어서 피하게 된다. 아마 전국의 상담자들은 나와 마찬가지일 거라 생각한다. 집에서는 머리를 쉬게 해주고 싶다.

정신건강에 대한 뉴스를 사람들이 자주 접하게 되면서 정신건강에 대한 관심과 더불어 지식도 많아지고 있다. 그래서인지 일상에서 정신 건강과 관련된 진단명을 사용하게 되는 것 같다. 우울한 감정을 느끼거나 힘들어하는 사람에게 "너 우울증 아니야? 병원에 가봐."라고 말하거나 "선생님. 저 우울증 아닐까요?"라는 질문을 하기도 한다. 우울한 감정을 느끼는 것과 우울장애로 진단받는 것은 차이가 있다. 우울감을 느낀다고 해서 다 우울장애는 아니다.

우리는 일상에서 우울감을 느낄 때가 있다. 살아가면서 갑작스러운 큰 사건을 겪거나 소중한 사람과 이별하게 될 수도 있다. 하는 일이 잘 되지 않고, 주위 사람들과의 관계에 문제가 있고, 감정을 소진시키는 일들이 계속 일어날 수도 있다. 개인의 성향과 회복탄력성에 따라 다르겠지만, 그런 상황일 때 누구나 우울한 감정을 느낄 수 있고, 느껴야 한다고 생각한다. 힘들고 어려운 상황이 지속되는 데 스스로 "나는 괜찮다. 아무렇지 않다."라고 말하는 분도 있다. '긍정적인 사람'일 수도 있지만, 자신의 감정을 통찰하지 못했거나 감정의 무감각함과 무기력하지 않은지 살펴보아야 한다. 감정의 무감각과 무기력은 우울의 다른 모습이다. 우울한 일이 있을 때는 우울한 감정을 느껴야 정상이다. 슬플 때는 슬픔을 느껴야 정상이다. 새로운 일을 시작하거나 피하고 싶은 일을 앞두고 있을 때는 불안을 느껴야 정상이다. 나는 상황에 맞게 감정을 느껴야 정신이 건강한 사람이라고 생각한다.

"모든 감정은 다 괜찮다."

감정은 좋은 감정이나 나쁜 감정으로 나눠져 있지 않다. 예를 들어 기쁨과 행복은 좋은 감정이고, 우울과 분노는 나쁜 감정이 아니다. 같은 상황이어도 개인마다 느끼는 감정은 다를 수 있다. 내 감정의 주인은 나다. 내 감정은 '내가' 주체로 느끼는 것이다. 그래서 어떠한 감정을 느껴도 다 괜찮다. 우울과 불안을 느끼는 내가 비정상적으로 생각되고, 다른 사람에게 이상하게 비칠까 봐 두려워서 빨리 떨쳐야 하는 감정으로만 생각했는데 "그렇게 느껴도 괜찮다. 모든 감정은 괜찮다."라는 말이 스스로를 옥죄었던 사람들에게 자유를 준다. 그 말이 "너 괜찮아. 지금 있는 모습 그대로도 괜찮아. 너의 존재 자체만으로도 괜찮아."라는 말로 들려서 위로가 되지 않을까. 나는 그렇게 위로가 되었다.

우울감과 불안감을 느끼는 사람이 다 우울장애와 불안장애는 아니다. 우리가 흔히 이야기하는 우울장애, 불안장애, ADHD 등의 F코드를 받는 정신건강의학과의 진단은 의사가 진료대상자를 그냥 쓱 보고 자기 기준대로 결정하는 것이 아니라 「정신질환의 진단 및 통계 편람 DSM-5」[6]의 기준에 충족되어야 내릴 수 있다. 그래서 정신건강의학과에 처음 방문하면 의사가 진료대상자에게 여러 질문을 하면서 진단 요

---

6) 정신질환 진단 및 통계 편람 DSM-5는 미국정신의학협회(APA)가 발행한 것으로 정신질환 분류 및 진단 절차가 담겨 있다. 전 세계적으로 정신질환의 진단에 많이 사용되고 있다.

건에 충족하는지 파악하거나 심리검사를 실시하기도 한다. 상황에 따라 당연히 느껴야 하는 감정을 느끼는 것과 보통의 범주를 넘어 정신병리에 해당되는 감정은 구분되어야 한다. 진단은 정신건강의학과 의사만이 할 수 있기 때문에 정신건강의학과와의 심리적인 거리가 가까웠으면 좋겠다.

「정신질환의 진단 및 통계 편람 DSM-5」 책은 굉장히 두껍고, 많은 진단명이 담겨 있다. 우리와 우리의 가족은 평생 살아가면서 우울장애, 불안장애, ADHD 등 그 많은 것 중에 하나를 진단받을 수도 있을 것이다. 정신건강과 관련된 질병으로 진단받는다고 해도, 그것이 그 사람의 전부는 아니다. 우울장애로 진단받은 사람의 전체를 우울장애로 표현하거나 치부해서는 안 된다. 불안장애로 진단받은 사람의 행동 전부를 불안장애 때문이라고 생각해서는 안 된다. 우울장애와 불안장애는 그 사람의 일부분일 뿐, 사람의 존재 전체를 바라보고, 껴안자.

사람을 구하는 도구 vs 사람을 해치는 무기

나는 "저 사람 우울증 아니야?"라는 질문을 곧잘 받는다. 주로 그 사람을 비난하거나 평가하기보다, 단순한 궁금증이나 안타까운 마음에 하는 말이라는 것을 나도 안다. 그럴 때는 "저는 잘 몰라요."라고 하거나 다른 주제로 말을 돌리기도 한다. 상대의 말이 잘못됐다고 생각하기 때문이 아니라, 사람들을 쉽게 평가나 진단하지 않으려고 노력하기 때문이다. '상담자인 나'부터 "사람을 쉽게 평가하거나 진단하지 않겠다."라는 다짐을 지키지 않으면, 누구보다 쉽게 상처 줄 수 있는 위치에 있는 사람이 '상담자인 나'라고 생각한다. 상담 지식을 가졌다고 "저 사람은 진단명이 무엇일 것이고, 저 학생은 진단명이 무엇일 것이다."라고 평가하고 다닌다면 내가 가진 상담 지식은 사람을 구하는 도구가 아니라 사람을 해치는 무기나 다름없다. 솔직히 나도 사람인지라 내가 가진 상담 지식들을 막 뽐내고 싶을 때가 있다. "저건 뭐고, 저건 이래서 그렇다."라고 말하고 싶을 때가 있고, 실제로 그렇게 하기도 한다. 그렇게 할 때는 전문상담교사로서 어떤 사안을 판단해야 하거나 자문이 필요한 때로 국한시키려고 노력한다. 겸손할 때의 '상담자인 나'는 가짜 상담자가 되고 싶지 않아서 선을 지키려고 나름 최대한 노력하고 있다. 내가 가진 상담 지식이, 내가 겪은 상담 경험이 다른 사람들에게 위로와 치유의 역할을 할 수 있기를 간절히 기도한다.

나를 공부하기

어떤 분들은 나와 관계가 가까워질 때쯤에 "선생님이 상담자여서 왠지 나를 볼 때마다 어떤 사람인지 분석하고 있을 것 같다."라는 말씀을 하시는 경우가 있다. 그건 상담자마다 다른 것 같다. 나의 MBTI 성격 유형을 근거로 말하자면, 나는 다른 사람보다 나 자신을 통찰하고

분석하는 유형이다. 그것도 평생, 죽을 때까지. 그래서 나는 상담 공부
할 때 너무 힘들었다. 상담이론마다 나에게 적용시켜서 분석하는 글을
일기장에 쓰면서 공부했기 때문이다. 그 과정이 나를 해부하는 것만큼
아프고 괴로웠는데, 지금은 그 시간이 즐겁고 재밌다. 나는 내 본성이
상담자로서 괜찮은 성품을 가졌다고 생각하지 않는다. 그러나 나를 분
석하는 과정을 통해 자신에 대해 인식하고 수용하는 과정을 겪으면서
인간으로서, 상담자로서 많이 성장할 수 있었다. 내가 개인상담을 받
을 때, 상담자께서 시키지도 않았는데 스케치북에 마인드맵으로 "나"
자신에 대해 분석한 것을 여러 번 보여드리자 "선생님은 이제 분석하
고 쓰는 것을 그만해도 될 것 같아요."라고 하셨다. 그럼에도 나는 아
직 나에 대해 쓰고, 공부하고 있다. 그러니, 나의 지인들이여, 걱정하
지 마시라. 내가 깊게 생각하고 있다면 당신을 분석하고 있는 것이 아
니라 나의 감정과 행동에 대해 생각하고 있을 확률이 매우 높다. 상담
이론을 적용시켜서 분석하는 것은 내가 내담자에게 상담자의 역할을
해야 할 때만 한다.

　　　　　　　　　　　　　　　마음을 연습하는 상담실

6

상담자는 척 보면 아는
점쟁이가 아니에요.

> 잠깐 보고 내담자의 심리상태를 판단하는 상담자는 경계할 것을 권유 드린다.
> 상담자는 점쟁이가 아니고, 관상을 보는 사람이 아니다.
> 내담자가 상담자를 믿고 자신의 마음을 열어서 보여 주고, 말을 해 주어야
> 상담자는 내담자에 대해 알아갈 수 있다.

　내가 소개팅을 나가서 전문상담교사라고 하면 자주 들었던 말이 있다. "제 성격은 어떤 것 같아요?" 학교에서 상담할 때도 어떤 학생들이 종종 물어봤다. "선생님 제 성격이 어떤 것 같아요? 맞춰 보세요." 그러면 나는 "저 점쟁이 아니에요. 잘못 찾아오셨어요." 하며 웃어넘긴다.

　예전에 근무했던 상담기관에서 MBTI 성격유형검사와 애니어그램 검사의 강사 자격을 가진 팀장님이 날 보며 "선생님은 ESTJ에 8유형이야. 그래서 그렇게 일하는 거야."라며 구박하셨다. 난 너무 억울했다. 난 ISFP의 2유형인데... 그 유형이 아니라고 말해도 내가 체크를 잘못한 거라며 믿지 않으셨다. 나의 성격유형을 다르게 생각하시는 것보다

나와 몇 달밖에 지내보지 않고 단정 지어 생각하는 부분이 기분 나빴다. 시간이 지나 나는 다른 상담기관으로 옮겼고, 전문성을 쌓기 위해 MBTI 성격유형검사와 애니어그램 연수를 받으러 다니기 시작했다. 거기에서 강사님들이 항상 강조하는 말이 "내가 이 연수를 이수했다고 해서 다른 사람에게 너는 무슨 유형이야라고 단정 짓지 마세요. 위험한 행동입니다. 내담자 자신이 스스로 찾아가도록 해야 합니다."라고 말씀하셨다. 연수를 들으면서 '난 전문가가 되면 절대 그렇게 하지 말아야지.'라고 다짐했지만, 몇 번 그랬던 기억이 떠올라서 부끄럽다. 제대로 공부해서 정확한 지식을 쌓되, 추측을 하는 것과 잘못된 추측하는 것은 더더욱 경계해야겠다고 생각했다.

해결중심 상담이론에서 말하는 상담자의 역할은 '알지 못함의 자세'이다. 내가 내담자를 다 안다는 듯이 섣부르게 진단하고, 평가하지 말고 "나는 내담자 당신을 잘 알지 못합니다. 그러니 당신에 대해 나에게 말해 주세요."라는 진실한 호기심의 자세로 대하며, 내담자의 이야기를 신뢰하라는 것이다. 그래서 상담할 때 학생들에게 고마움을 자주 표현한다. "선생님을 믿고 너에 대해, 너의 마음에 대해 나한테 이야기해 줘서 고마워. 사실 나는 너에게 모르는 어른과 마찬가지인데 나를 믿어서 너의 이야기를 해 준 것 같아서 정말 감사하게 생각해."

그렇다. 내담자가 나를 믿고 자신의 세계를 열어서 보여 주는 것은 매우 놀랍고 감사한 일이다. 내담자가 마음을 열지 않고, 자신에 대해 말을 해 주지 않으면 상담자는 내담자에 대해서 모른다. 어떨 때는 내담자가 말해 줘도 상담자가 잘못 알아들어서 이야기의 초점을 놓칠 때가 있고, 다른 곳에 가서 삽질할 때도 있다. 그래서 상담은 상담자와 내담자가 '함께' 길을 찾아 나가는 과정일 수밖에 없다는 생각이 든다. 어떨 때는 합이 잘 맞아서 길을 잘 찾아가기도 하지만, 어떨 때는 길을 찾기도 전에 서로 마음이 안 맞아서 상담이 중단되기도 하고, 어떨 때는 해결이 되지 않아 계속 같은 자리에서 머물기도 한다. 이때 상담자가 "정답은 이것입니다."라고 결정지어 주고, 끌고 가면 안 된다. 내담자 마음의 위치를 확인해 가며 오늘은 몇 걸음을 더 나아갈 수 있는지 혹은 오늘은 한곳에 머물며 계속 그곳을 탐색하는 것이 좋은지, 내담자가 자신의 속도에 맞게 길을 찾을 수 있도록 상담자가 옆에서 도와주는 것이다. 그런데 상담자인 내가 문제를 빨리 해결하겠다는 의욕이 넘쳐서, 내담자를 '나의 속도로, 내가 생각하는 답'의 방향으로 꾸역꾸역 끌고 갔다가 망친 상담 사례들이 적지 않다. 한 명의 상담자가 탄생하기 위해 여러 명의 내담자가 희생되어야 한다는 말은 정말 나를 부끄럽고 후회스럽게 한다.

7

마음도, 감정도
줄넘기처럼 계속 연습해야 해요.

> 아기를 소중하게 대하듯이, 나 자신을 소중하게 대해 주자.
> 아기에게 좋은 것을 주는 것처럼, 나 자신에게도 좋은 것을 주자.
> 나를 소중하게 대하는 것처럼, 다른 사람도 소중하게 대하자.
> 나를 사랑하는 것도, 감정을 조절하는 것도, 다른 사람과 사이좋게 지내는 것
> 도 구구단 외우듯이 줄넘기 연습하듯이 계속 반복해서 연습하면 잘할 수 있다.

이제 나를 키우자

이 책을 읽고 계신 분들에게 감히 질문을 드립니다.

여러분은 자신을 사랑합니까?

정말 진심으로 자신을 사랑하나요?

사랑한다면 어떤 방법으로 사랑해 주고 있나요?

나는 어른이 되어서도, 상담 공부를 그만큼 했는데도 나 자신을 사

랑하는 방법이 뭔지 몰라서 헤맸다. 유명한 심리학자들의 책을 보고, 강의를 들으면 "자신을 사랑하세요."라고 많이 말한다. 나는 '도대체 자신을 사랑하는 방법이 뭐야? 자신을 사랑하라고 하면서 왜 아무도 방법을 가르쳐 주지 않는 거야? 어떻게 하는 게 나를 사랑하는 걸까?' 긴 시간 고민했고, 여러 자료를 보면서 답을 찾기 위해 애썼다. 이제는 아주 조금은 알 것 같다.

나를 사랑하는 방법은, 누구나 말했던 것처럼 나에게 좋은 것을 해 주는 것이다. 나에게 좋은 것을 해 주는 방법은 무엇일까. 아주 어린 아기를 본 적이 있을 것이다. 이 책을 읽는 분 중에는 아기를 낳아 키우신 분들도 있을 것이다. 그때 작디 작은 아이가 너무 소중해서 안는 것도 조심스러웠고, 혹여나 자다가 아기에게 내 다리라도 올라갈까 봐 조심하며 잤던 기억도 있을 것이다. 그 소중한 아기에게 막 대할 수 있을까? 아기에게 욕하고 비난하고 괴롭힐 수 있을까? 그 작은 아기를 상처 내고 내던질 수 있을까? 절대 상상도 못 할 일이다. 나를 사랑하는 방법은 나를 아기라고 생각하고 아기를 소중하게 대해 주듯이 나 자신을 소중하게 대해 주는 것이다. 아기를 키울 때 가장 좋은 것을 해 주는 것처럼, 나를 키운다는 마음으로 나에게 가장 좋은 것을 해 주는 것이다.

나는 이것을 머리가 아닌, 마음으로 깨닫고 나서부터 나에게 좋은 음식을 먹이기 시작했다. 몸에 좋은 토마토, 당근 등 채소와 과일을 사고 더 부드럽게 갈아먹기 위해 비싼 블렌더를 샀다. 일이 많으면 나를 달달 볶아서 하는 경향이 있는데, 이제는 일이 많으면 중간중간 따뜻한 차 한 잔을 천천히 마셔 보기도 하고, 정성 들여 심호흡을 하며 내 몸에 산소를 넣어 주기도 한다. 나 자신에게 '이 일을 잘하지 못해도 괜찮아.'라고 말해 주기도 한다(지금도 나에게 말해주고 있다). 나름 '게으른 완벽주의자'라 모든 일을 완벽하게 하려는 생각을 버리고 80점만 채우려고 노력한다(사실 이건 아직도 잘 안 된다). 내 몸이 소중하니 매일 깨끗하게 씻어 주고, 내가 좋아하는 로즈메리 향이 나는 바디워시와 바디로션을 샀다. 산책하거나 일할 때 발을 편하게 해 주고 싶어서 쿠션이 좋은 운동화와 실내화도 샀다. 내가 늦게 깨달은 거지, 이 책을 보고 계시는 분들은 이미 하고 계실 거라 생각한다.

나는 가진 직업 덕분에, 하루 종일 만나는 사람들에게 공감과 좋은 말을 한다. 퇴근하기 위해 학교 건물을 나와 차에 타서 오롯이 혼자가 되면, 나도 위로가 필요하다고 느낄 때가 있다. 그래서 다른 사람한테만 좋은 말을 해 주는 것이 아니라 나 자신에게도 좋은 말을 해 주려고 노력한다. 무의식적으로 "난 이것밖에 안 되는구나. 나는 맨날 무시를 당하는구나. 나는 열심히 해도 안 되는구나."라며 자책하는 생각을 무의식적으로 할 때도 있을 것이다. 이런 생각을 적게 하려고 의식적으로 노력하면 잘 안된다. 이럴 때는 오히려 나에게 좋은 말을 많이 하려고 '선택'하고 '노력'하면, 서서히 비난과 자책하는 생각은 줄게 된다.

나쁜 것을 없애려고 노력하기보다, 나를 좋은 것으로 채워서 나쁜 것이 있을 틈을 주지 않는 것이다.

칭찬은 대단한 일을 해야 할 수 있는 것이라고 누구도 정해놓지 않았다. 아주 작은 일에도 칭찬할 수 있다. 나는 매일 아침 출근할 때 학교 건물로 걸어 들어가면서 나 자신에게 이렇게 칭찬해 준다. "와~ 내가 아침에 머리를 감고 출근하다니 참 잘했어." 학교 계단을 올라갈 때 쓰레기가 보이면 아무도 나를 보고 있지 않지만, 그 쓰레기를 주워서 상담실 쓰레기통에 버린다. "나 좀 괜찮네."라고 말해 준다. 이렇게 스스로 칭찬하는 것이 쌓이고 쌓여서 나를 더 소중하게 여기고 사랑하게 된다. 하지만 위·아래로 움직이는 경제 그래프처럼, 어떤 날들은 나에게 좋은 것을 해 주지만 어떤 날들은 나를 옛 습관처럼 내버려 둘 때도 있다. 그런 날에도 내가 나를 소중하게 대하는 일을 망쳤다고 생각하지 않는다. 우리가 나쁜 습관과 행동을 한 번에 안 하게 되는 것은 어렵다. 나쁜 습관을 열 번 하다가 일곱 번 하는 걸로 줄었다면, 이것도 좋아진 것이다. 계속 노력하다 보면 일곱 번이 다섯 번이 되고, 세 번이 되고, 아예 안 하게 될 수도 있지만, 다시 세 번으로 늘 수도 있다. 그래도 괜찮다. '나는 나쁜 습관과 행동을 열 번 하다가 아예 안 할 수 있는 경험을 했다. 그래서 앞으로도 안 할 수 있다.'라고 생각하며 이 경험을 원동력으로 삼고, 다시 나쁜 습관과 행동을 하지 않도록 노력하면 된다. 줄넘기를 자주 하다가 안 하면, 다시 하려고 시도할 때 예전처럼 잘 안된다. 그럴 땐 다시 연습하면 되는 것처럼, 나 또한 나를 소중하게 대하는 행동을 다시 연습하면 된다. 좋아졌다가 유지하다가 나빠졌다가 다시 좋아지는 상황[7]을 받아들이고, 자책과 포기 없이 나를 소중하게 대하는 일을 꾸준히 한다면, 어느 순간 달라진 나를 마주할 수 있을 것이다. 그러니 나 자신에게 좋은 것을 해 주는 일을 꾸준히 반복해서 연습하겠다. 그리고 나 자신을 소중하게 대하고 사랑하는 일을 포기하지 않겠다.

나 자신을 소중하게 대하는 방법(초등학생 버전)

나 자신을 사랑하는 방법을 학생들에게 말할 때는, 먼저 학생들의 주의를 집중시키기 위해 인형을 보여 주며 말한다.

"아주 어린 아기를 본 적이 있죠? 이 인형이 아기라고 생각해 보세요. 우리가 아기를 안을 때 혹시 내가 잘못해서 떨어질까 봐 조심해서 살살 안아요. 이렇게 소중한 아기에게 나쁜 음식을 먹일 수 있을까요? 아기가 먹을 수 있는 좋은 음식을 먹여요. 아기에게 욕하고 때릴 수 있어요? 절대 그럴 수 없어요. 아기에게는 좋은 말만 하고 몸도 다치지 않게 조심해요. 아기를 소중하게 대해 주는 것처럼 나 자신도 소중하게 대해 주세요. 이것이 나 자신을 사랑하는 방법이에요. 그렇다고 내

---

7) 좋을 때도 있고, 유지할 때도 있고, 나쁠 때도 있고, 다시 좋아질 때도 있는 그래프처럼 왔다 갔다 하는 것이 인생이고, 그 상황을 인정하고 받아들이는 것이 성숙이라고 생각한다.

가 아기처럼 말하고, 어리게 행동해도 된다는 것은 아니에요. 아기가 소중해서 좋은 것을 주는 것처럼, 나도 소중하니까 좋은 것을 주라는 뜻이에요. 내가 피곤하면 누워서 편히 쉬고, 아프면 어른에게 꼭 이야기해 주세요. 스트레스를 받으면 바나나나 요거트처럼 좋은 음식을 먹어요. 내 몸은 소중하니까 매일 깨끗하게 씻어 주고 로션도 발라 주세요. 화가 날 때 내 몸을 때리거나 상처 내지 말고, 내 몸을 보호해 주세요. 그리고 나 자신에게 나쁜 말보다 좋은 말과 칭찬을 해 주세요. 보호자나 선생님, 친구들에게 칭찬이나 인정받는 말을 듣고 싶지만, 우리가 듣고 싶은 말을 다 듣기는 어려워요. 그래서 나 자신에게 내가 듣고 싶은 칭찬과 좋은 말을 많이 해 주세요. 칭찬은 상장을 받거나, 100점을 받거나, 위대한 일을 해야만 받을 수 있는 것은 아니에요. 아주 작은 일에도 칭찬받을 수 있어요. 여러분들이 오늘 아침에 피곤했지만 일어나서 씻고 학교에 온 것만으로도 참 잘했어요. 자 따라해 봅시다. 나 참 잘했어. 학교에서 친하지 않은 학생이라도, 내가 먼저 인사하고 나 참 잘했어 칭찬해 주세요. 학교 계단에서 쓰레기를 볼 때가 있어요. 아무도 나를 보고 있지 않지만, 그 쓰레기를 주어서 쓰레기통에 버리고 나 참 잘했어 칭찬해 주세요. 이렇게 작은 일에도 나 자신을 칭찬하는 것이 내가 나를 사랑하고 소중하게 여기는 방법이랍니다." 이렇게 진심을 다해 이야기했을 때, 1학년이든 6학년이든 눈빛이 변하는 것을 느낄 수 있었다.

다른 사람을 소중하게 대하는 방법(초등학생 버전)

나를 사랑하게 돼서 소중하게 여겨 준다면 그다음 단계는 내 옆에 있는 사람들을 소중하게 대해 주는 것이라고 교육한다. 내가 소중하다면, 다른 사람들도 소중하다는 것을 학생들도 이미 머리로는 알고 있다. 하지만 구체적으로 다른 사람들을 소중하게 대하는 '방법'에 대해 이야기한다.

"교실에 성격이 조용하고, 혼자 있는 학생이 있다면 먼저 인사해 주세요. 그리고 '같이 보드게임 할래?' 라고 먼저 말해 주세요. 나 자신을 아기처럼 소중하게 대해 주듯이, 다른 사람들도 아기처럼 소중하게 대해 주세요. 다른 사람들을 놀리거나, 욕하거나, 때리는 행동은 다른 사람을 소중하게 여기는 행동이 아닙니다. 나 자신에게 할 수 없는 행동은 다른 사람에게도 하지 마세요. 여러분에게 어떤 힘이 있다면, 다른 사람을 괴롭히라고 준 힘이 아니에요. 그 힘은 도움이 필요한 사람들을 도와주고, 타인을 괴롭히는 사람에게 하지 말라고 말할 수 있도록 주어진 힘입니다. 요즘은 타인을 놀리거나 괴롭히는 학생에게 '하지 마.'라고 말하면, '너 쟤 좋아하는구나.' 하면서 놀린다고 하죠. 이런 비겁한 말에 겁먹지 않기를 바랍니다. 다른 학생이 괴롭힘을 당할 때 '하지 마.'라고 말한다면, 여러분과 함께 행동할 친구들이 더욱 많아질 거예요."

다른 사람에게 베푸는 친절은 나를 위해 쌓는 친절이라는 말이 있다. 내가 쌓은 친절이 언젠가 반드시 나에게로 돌아온다는 것을 학생들이 지금은 잘 모르겠지만, 살면서 언젠가는 느낄 거라 믿는다.

마음과 감정을 줄넘기처럼 연습하기

우리가 구구단을 처음 배울 때, 구구단을 한 번만 보고 다 외울 수 있었나? 절대 아니다. 집과 학교에서 수십 번, 수백 번 반복하고 연습해서 구구단을 외울 수 있게 되었다. 오죽하면 구구단에 음률을 넣었겠나. 또 처음 줄넘기할 때를 떠올려 보자. 처음부터 열 개, 스무 개씩 할 수 있었나? 절대 아니다. 줄넘기 손잡이를 잡고 발을 하나씩 넘기는 것부터 시작했다. 한 개, 두 개 계속 반복해서 연습하니 열 개, 스무 개도 하고 이단줄넘기, 삼단줄넘기, 단체줄넘기도 하게 되었다.

그것처럼 우리 마음과 감정도 마찬가지다. 화가 나는 상황에서 공격적인 행동을 하지 않고 감정 조절을 하는 것도 여러 번 연습해야 한다. 처음 태어날 때부터 감정 조절을 잘하는 사람은 없다. 어릴 때부터 보호자가 안정적으로 감정 조절하는 모습을 보고 배우고, 잘못할 때는 바른 훈육을 받아야 감정 조절을 잘하게 된다. 구구단과 줄넘기를 연습하는 것처럼 감정 조절도 계속 반복해서 연습해야 잘할 수 있다.

같은 학교에서 몇 년 동안 겪은 고학년 학생들은 서로에 대한 이미지가 각인되어서 교실에서 문제행동을 하는 학생에게 낙인이 찍힌 모습을 볼 수 있다. "타인에게 나쁜 말을 하고, 욕하거나 때리는 학생은 문제가 있어서 그런 것은 아니에요. 나만큼 다른 사람도 소중하다는 것을 모르거나, 다른 사람과 평화롭게 지내는 방법을 모르고, 알아도 계속 반복해서 연습하지 않아서 그렇습니다. 다른 사람을 소중하게 대하고, 사이좋게 지내는 것도 계속 반복해서 연습하면 할 수 있습니다."[8]

낙인찍힌 학생을 더 이상 '금쪽이'나 비하하는 말로 부르지 않고, '긍정적인 방향으로 변하고 있는 과정' 중인 학생으로 인식하면 좋겠다는 의미다. 또한 낙인찍힌 학생에게는 "너희도 배우고, 반복해서 연습하면 달라질 수 있다. 지금은 너희가 좋은 사람이 되어가는 과정이다."라는 메시지다. 이 학생들이 자신에 대한 긍정적인 이미지를 가지고, 변화를 위한 용기를 얻길 바란다.

마음의 문제를 푸는 상담실

나 자신을 사랑하기 어렵거나, 다른 사람을 소중하게 대하기 어려운 학생들은 상담실로 와서 상담선생님과 함께 이야기를 나누었으면 좋겠다. 학생들은 큰일이 생겨야 상담실에 올 수 있다고 생각하는데, 나 자신을 사랑하기 어려운 것과 다른 사람을 소중하게 내하지 못하는 것도 내가 해결해야 할 큰일로 생각할 수 있었으면 좋겠다.

----

8) 이 말은 나쁜 의도를 가지고 타인을 괴롭히는 학생에게는 적용되지 않는다. 타인에게 잘하려고 노력해도 안 되는 학생에게 적용된다.

혼자 잘 풀지 못하는 어려운 수학 문제가 있을 때 담임선생님께 가져가면 옆에 앉혀서 내가 모르는 부분부터 자세하게 가르쳐 주신다. 상담도 마찬가지다. 상담은 학생의 마음에 풀리지 않는 문제가 있을 때 상담선생님에게 가져와서 내가 잘 안 되는 부분부터 다정하고 자세하게 같이 풀어 보는 것이다. 학생들이 마음의 문제를 풀기 위한 용기를 가지고, 상담을 더 좋아하면 좋겠다.

2장

학교상담을 이해하기

1

상담과 상담실에 관련된
궁금증을 풀어 드려요.

위(Wee)프로젝트란 학교, 교육청, 지역사회가 연계하여 지원하는 통합지원
서비스망으로 위(Wee)클래스는 학교에, 위(Wee)센터는 교육지원청에 개설
되어 있다.
위(Wee)클래스와 위(Wee)센터의 전문상담교사는 발령받는 곳이 다를 뿐
직급과 지위가 같다.
상담자와 내담자는 상담관계 외의 다른 공적·사적인 다중관계를 맺지 않도
록 조심해야 한다. 상담을 시작할 때는 비밀보장 제외의 원칙에 대해 내담자
에게 자세히 설명해야 한다.
상담관계에서 상담자와 내담자가 친밀하고 신뢰감이 형성된 관계인 라포를
형성하는 것이 중요하다.

　전문상담교사는 학생들이 전문적인 심리상담을 학교 내에서 받을
수 있도록 하는 역할을 맡고 있다. 초등학교 전문상담교사지만 나는
초등학교 교육과정에 대해 잘 모른다. 교사가 되기 위해 교육학을 공
부했지만, 교육과정 대신 전문적인 상담 영역을 공부했다. 상담과 상

담실에 관련된 이야기가 익숙하다 보니 나도 모르게 자주 사용하나 보다. 가끔 선생님들이 상담과 상담실에 관련해서 물어보면 '아~ 내가 교육과정에 대해서 잘 모르는 것처럼 선생님들도 상담과 상담실에 관련된 것들을 모르실 수 있겠구나.'라고 알게 되었다. 상담과 상담실에 관련해서 질문받았던 것을 바탕으로 써 보겠다.

위(Wee)프로젝트로 묶인 위(Wee)센터와 위(Wee)클래스

학교폭력, 가출, 심리적 문제, 자살, 중독 등 심각한 위기 상황에 노출된 학생들이 증가하자, 학교의 역할로는 한계가 있다고 판단하여 교육부와 한국청소년정책연구원에서는 위(Wee)프로젝트 사업을 2008년부터 시행해 왔다. 위(Wee)프로젝트란, 학교, 교육청, 지역사회가 연계하여 학생들의 건강하고 즐거운 학교생활을 지원하는 다중의 통합지원 서비스망이다. 학교에서는 위(Wee)클래스, 교육지원청에는 위(Wee)센터, 교육청에는 위(Wee)스쿨, 가정형 위(Wee)센터, 병원형 위(Wee)센터 등이 개설되어 있다. Wee는 We(우리들)+education(교육)과 We(우리들)+emotion(감성)의 합성어이다.[9]

위(Wee)클래스와 위(Wee)센터는 위(Wee)프로젝트 안의 각 기관으로 위(Wee)클래스는 학교에 소속되어 있고, 위(Wee)센터는 교육지원

---

9) 출처: 위(Wee) 프로젝트 홈페이지 www.wee.go.kr

청에 소속되어 있다. 학교 위(Wee)클래스는 전문상담교사나 전문상담사 1명의 전문상담 인력이 본교에 재학 중인 학생을 대상으로 상담 지원을 하고 있다. 교육지원청 위(Wee)센터는 전문상담교사, 전문상담사, 임상심리사, 사회복지사 등 여러 명의 전문상담 인력이 위(Wee)클래스가 없는 학교의 학생, 위(Wee)클래스에서 상담받기 어려운 학생을 대상으로 상담 지원을 하고 있다. 소속과 대상, 근무하는 인원이 다를 뿐 학생들을 대상으로 상담 지원과 상담 관련 업무를 하는 것은 같다.

학교 위(Wee)클래스에 있는 전문상담교사와 교육지원청 위(Wee)센터에 있는 전문상담교사는 직급과 직위가 같고, 발령받은 곳이 다를 뿐이다. 현재 경상북도교육청은 전문상담교사를 초등과 중등으로 구분하여 선발하고 있고, 초등으로 선발된 사람은 초등에서만 근무할 수 있다. 초등에 있는 전문상담교사와 중등에 있는 전문상담교사는 같은 전문상담교사 자격증을 가지고 있다. 전문상담교사와 전문상담사의 차이는 전문상담교사 자격증을 가지고 임용시험의 합격 유무다. 내가 개인적으로 생각하기에 임용시험에 합격했다고 해서 전문상담교사가 더 전문적이거나 상담을 잘하는 건 아닌 것 같다. 나는 학교 현장에서 상담을 훌륭하게 잘하시는 전문상담사도 봤다. 상담의 탁월성은 개인의 상담 역량과 성품, 열정, 내담자와의 라포 정도, 상담 환경 등 여러 요소에 따라 다르게 발현된다고 생각한다.

내담자와의 다중관계 금지

내담자는 상담을 받는 사람, 즉 심리·정서적인 어려움이나 당면한 문제를 상담자와 함께 해결하고자 하는 사람을 말한다. 학교 현장에서 내담자는 학생, 보호자가 될 수 있다. 학교 상담실에서 본교에 소속된 교사는 내담자가 될 수 없다.

상담자의 윤리 중에 '다중관계 금지'의 내용이 있다. 다중관계 금지란 상담자와 내담자가 공적·사적인 관계 혹은 금전거래 등을 가진 사람과 상담관계를 맺어서는 안 된다는 것이다. 오로지 상담을 제공하는 자와 상담을 제공받는 자로서의 상담관계만 맺어야 한다는 의미다. 다중관계로 상담을 진행할 경우 상담할 때 전문성과 객관성을 잃을 위험이 커서 상담관계를 지속적으로 유지하기 어려워진다. 그래서 전문상담교사가 같은 학교에 소속된 교사를 상담하는 것은 상담자의 윤리에 위배된다. 동료 교사로서 관계를 맺고 있는데 상담자와 내담자의 관계가 되면 다중관계가 성립되기 때문이다. 가끔 주위에서 "나도 상담 좀 해줘."라고 말씀하시면 상담 대신 조언이나 코칭을 해 드리고 다른 상담기관에서 상담받을 수 있도록 도움을 드리고 있다.

상담 내용에 관한 비밀보장 제외 원칙

상담자의 윤리는 상담, 심리와 관련된 학회나 협회에서 규정하고 있다. 상담을 시작할 때 꼭 해야 할 것은 비밀보장의 한계에 대해 내담자에게 설명해야 한다. 상담 내용은 원칙적으로 비밀을 보장하나, 비밀보장에서 제외되는 내용이 있다. 자신과 타인의 생명이나 안전을 해칠 경우, 학교폭력·아동학대·가정폭력·성폭력 등의 위험에 노출된 경우, 감염성 질환 혹은 심각한 질병에 걸린 경우, 법원에서 요청하는 경우 등이다. 이는 내담자가 위험한 상황에 처했을 때 안전을 보장하기 위한 것이다. 특히 미성년자인 학생을 상담하는 동안, 비밀보장에서 제외되는 내용을 인지하게 될 경우 보호자나 학교장에게 알려야 한다.

비밀보장에서 제외되는 상담 내용을 전해야 할 경우에는 내담자와 상담한 내용의 전체를 알리지 않고, 비밀보장에 제외되는 요건과 관련된 최소한의 내용만 전달한다. 그리고 정보 공개 사실을 내담자에게 알려야 한다. 이는 내담자의 권익이 침해받지 않도록 보호하기 위한 것이다.

요즘은 초등학교에서도 자해 및 자살 관련 상담이 늘고 있어서 상담교육이나 개인상담을 시작하며 비밀보장 제외 원칙에 대해 여러 번 설명한다. 상담 중기에서라도 필요하면 다시금 비밀보장 제외 원칙에 대해 설명한다. 이렇게 강조하는 이유는 학생이 상담하면서 "이건 선생님과 보호자에게 말하지 말아 주세요."라고 사정할 때가 종종 있기 때문이다. 특히 비밀로 해 달라고 부탁한 내용이 자해나 자살, 성과 관련된 경우가 많다. 사전에 비밀보장 제외 원칙에 대해 설명하지 않았을 경우, 상담관계를 지속하는 데 부정적인 영향을 준다. 하지만 상담 구조화를 할 때 비밀보장 제외 원칙에 대해 설명했을 경우에는 상담 시작 전에 고지한 비밀보장 제외 원칙에 대해 상기시키며, 너를 보호하기 위해 보호자에게 알려야 한다고 설득할 수 있다. 그래서 상담자는 비밀보장에서 제외되는 내용을 비밀로 해 주겠다는 약속을 선불리 하지 않도록 주의해야 한다.

라포(rapport)형성의 중요성

라포(rapport)형성은 선생님들도 많이 사용하는 용어로, 상담 초기에 상담을 목적으로 상담자와 내담자가 친밀하고 신뢰감 있는 관계를 맺는 것을 의미한다. 나뿐만 아니라 다른 상담자들도 상담에서 라포 형성하는 과정을 가장 중요하게 생각할 것이다. 이는 상담자와 내담자가 라포 형성이 잘 되면, 진행되는 상담에서 상담관계를 계속 유지하고 상담목표를 이루는 데 도움이 된다. 하지만 라포 형성이 잘 안되면, 상담이 진행되다가 중간에 드랍(drop)[10]될 가능성이 높다. 상담이 드랍(drop)되면 상담자 입장에서는 마음이 불편하기도 하고 '내가 무엇을 잘못했나.' 돌아보기도 하지만, 가장 걱정되는 건 따로 있다. 드랍(drop)된 내담자가 다른 상담자를 만나서 상담을 계속 진행한다면 정말 다행이지만, '상담해도 소용없더라.'처럼 상담에 대한 부정적인 인

---

10) 상담이 중단되는 것을 '상담이 드랍(drop)되었다'라고 표현한다.

식을 가지고 상담이 필요한데도 받지 않게 될까 봐 염려스러운 마음이 있다. 그래서 내담자와의 라포 형성을 잘 하기 위해 상담 첫 회기는 긴장하며 준비하고, 정성 들여 노력한다. 상담자마다 라포를 잘 형성하기 위한 각자만의 방법이 있을 텐데 나는 내담자의 나이나 성별, 성격, 호소문제, 심각성 등을 고려하여 라포 형성 방법을 달리 하고 있다.

여러 가지 상담 용어

수업은 '차시'(초등학교는 40분, 중학교는 45분, 고등학교는 50분에 해당)라고 지칭하여 1차시, 2차시, …, 10차시 이렇게 구분하지만, 상담은 '회기'라고 지칭하여 1회기, 2회기, …, 10회기로 구분한다. 나는 초등학생을 상담할 때 수업시간을 기준으로 40분을 한 회기로 여긴다. 보호자를 상담할 때는 1시간(60분)을 한 회기로 여기나, 상담 호소문제에 따라 이후 시간에 예약된 상담이 없고 나의 시간이 가능한 경우 1~2시간 정도 충분히 상담하려고 한다.

상담에서는 내담자가 상담기관에 처음 와서 어떤 문제로 상담을 받으려고 하는지, 내담자의 환경, 정보 등을 파악하는 시간을 '접수상담'이라고 부른다. 외부 상담기관은 상담자가 여러 명 소속되어 있다. 그래서 내담자의 성향과 호소문제, 상담이 가능한 시간을 파악하여 내담자와 성향이 맞거나, 호소문제를 해결하는데 도움을 줄 수 있거나, 시간이 맞는 상담자를 배치한다. 그래서 접수상담 했던 상담자와 앞으로 지속해서 상담할 상담자가 다를 수 있다. 보통 상담기관에서는 경력이 많은 상담자들이 접수상담을 한다. 내담자의 호소문제를 파악하는 접수상담이 그만큼 중요하기 때문이다. 학교 위(Wee)클래스 상담실은 한 명의 전문상담교사가 배치되어 있어서 접수상담에서 상담자를 배치하는 과정이 생략된다. 나 같은 경우는 담임교사나 보호자와의 상담을 통해 내담자의 환경, 성향, 학습 정도, 문제행동을 파악하면서 접수상담을 하고, 학생과 상담하는 첫 시간을 1회기로 삼는다.

내담자가 상담자에게 구체적으로 자신의 심리적인 어려움과 문제를 말하는 내용을 '호소문제'라고 한다. 내담자 중에서 자신의 심리적인 어려움과 문제가 무엇인지 인식하여 구체적으로 말하는 사람이 있다. 또는 자신의 마음을 들여다보는 것이 익숙하지 않은 사람도 있다. 그래서 문제를 인식하지 못하고, 구체적으로 표현하지 못하며, 핵심적인 문제 대신 가벼운 문제를 말하는 경우도 있다. 호소문제를 바탕으로 상담목표를 설정하기 때문에 호소문제를 명료화시키는 과정이 중요하다. 호소문제를 명료화시키기 위해서는 내담자의 언어적 표현과 비언어적 표현에 집중하여 내용과 의미에 대해 구체적으로 질문한다. 예를 들어 내담자가 현재 가장 힘들어하는 부분은 교우관계 갈등이지만 "커서 무엇을 해야 할지 잘 모르겠어요."라는 말도 했다. 이때 '진로선택'을 상담목표로 잡는다면 현재 내담자에게 도움이 되지 않는 방향으로 상담이 흘러가게 된다. 따라서 호소문제를 구체화시키기 위해 "너의 고민의 양이 다 합쳐서 10이라면 진로에 대한 고민은 10중에 어느 정도 차지하니?" 열 손가락을 펴 보이며 질문할 수 있다. 혹은 종이에 동그라미를 그려서 "이 동그라미가 너의 마음이라면, 진로에 대한 고민은 어느 정도 차지하는지 색연필로 색칠해 줄 수 있겠니?"라고 제안하여 학생이 직접 종이에 색칠할 수 있도록 한다. 내담자의 나이와 수준을 고려하여 다양한 방법으로 호소문제를 명료화시켜 현재 내담자에게 가장 시급한 문제를 상담목표로 삼는 것이 좋다.

상담이 그냥
들어주는 것만은 아니에요.

> 상담은 상담자가 내담자의 이야기를 들어주기만 하거나 고민에 정답을 내
> 려 주는 것이 아니라, 내담자가 문제를 해결할 수 있도록 옆에서 방향을 잡
> 아 주고 돕는 것이다.
> 상담할 때는 내담자의 나이, 성향, 호소문제 종류, 심리상태 정도에 따라 내
> 담자에게 맞는 상담이론과 상담기법을 적용한다.

 아직 어린 1·2학년 학생들은 상담이 '고민을 들어주는 것'이라고 알
고 있고 나 또한 이해하기 쉽도록 그렇게 설명하고 있다. 3·4학년 학
생들 중에 상담은 상담선생님이 '자신의 고민을 들어주기만 하는 것'이
라고 생각하여 친구와 가족 사이에 있었던 같은 갈등 상황을 여러 번
방문하여 이야기하는 학생들이 있다. 물론 상담에서 경청이 중요하기
때문에 학생이 이야기하는 것을 충분히 듣고, 학생의 입장에서 마음을
공감해 준다. 하지만 같은 패턴의 문제 상황이 반복해서 일어날 때, 학
생이 더 이상 힘든 상황을 겪지 않도록 돕기 위해, 문제를 해결하기 위

한 방향으로 상담을 이끄는 순간 학생이 마음을 닫는 경우도 있었다. 방과 후에 찾아온 3학년 학생들을 상담할 때의 일이었다. 내가 상담자로서 갈등해결하는 방법을 찾는 방향으로 상담을 이끄는 순간, 한 학생이 "상담은 들어주기만 하는 거 아니에요?"라고 솔직하게 말했다. 갈등해결하는 방법을 찾는 것이 불편했던 모양인지 그냥 계속 들어주기만 했으면 좋겠다는 거였다. 하지만 그 학생들의 말을 충분히 경청하고 공감했던 상담 회기는 다섯 번이 넘었다. 나는 이 학생들과 라포도 충분히 형성되었다고 인지했고, 비슷한 상황에 상대만 달라지면서 반복하고 있었기 때문에 자칫 학교폭력으로도 번질 만한 상황이었다. '아~ 이 학생은 내가 듣기만 해야 한다고 생각하는구나. 그리고 이 학생만 그렇게 생각하는 것은 아니겠구나.'라고 깨닫게 되었다. 그 학생의 생각처럼 상담이 들어주는 데서 그치는 거라면 전문상담교사는 감정 쓰레기통의 역할만 할 뿐이다. 그래서 이다음부터는 3·4학년 정도 되면 "상담은 선생님이 너희의 고민을 듣기만 하는 것이 아니고, TV에 나오는 것처럼 너희 고민에 정답을 알려 주는 것도 아니다. 고민의 답은 이미 너희 안에 있다. 고민하는 문제를 너희가 해결할 수 있도록 상담선생님은 옆에서 방향을 잡아 주고 도와주는 것이다."라고 설명하기 시작했다.

상담이 내담자의 이야기를 들어주는 것이라고만 생각하는 사람들이 많은데 상담의 영역과 개입방법은 다양하다. 상담하는 형태에 따라 개인상담과 집단상담이 있고 상담을 하는 목적에 따라 성장상담, 문제예방상담, 문제해결상담이 있다. 상담하는 방법에 따라 대면상담과 매체상담(전화, 인터넷, 모바일 등)이 있다. 내담자의 자발적인 의사의 유무에 따라 자발적 상담(스스로 상담실에 찾아오는 경우)과 비자발적상담(학교폭력 특별교육 등)이 있다. 상담하는 문제 내용에 따라 가족상담, 진로상담, 학습상담, 교우상담, 성상담, 성장상담, 중독상담, 정신건강 상담, 위기상담 등이 있다.

상담이론의 종류에는 정신분석 상담, 개인 심리학, 분석심리학, 인간중심 상담, 게슈탈트 상담, 행동주의 상담, 인지·정서·행동 상담, 현실주의 상담, 해결중심 상담, 실존주의 상담, 대상관계 상담 등 다양하게 있으며 같은 상담이론으로 묶여 있어도 학자마다 주장하는 상담모형, 상담과정, 상담기법 등이 다양하다. 그리고 지금도 새로운 상담이론과 상담기법들이 등장하고 있다.

상담과정에도 서사가 있어서 초기단계, 중기단계, 종결단계로 나뉘어 단계마다 개입 방향과 상담기법을 다르게 적용한다. 또한 내담자의 나이, 성향, 호소문제 종류, 심리상태 정도 등 여러 조건을 고려하여 내담자에게 맞는 상담이론과 상담기법을 활용한다. 어떤 상담이론과 상담기법을, 어떻게 활용하느냐에 따라 상담자의 전문성이 나타난다고 생각한다. 그래서 이미 배운 상담이론이라도 상담자들은 꾸준히 공부하고, 내담자에게 어떤 상담이론과 상담기법이 맞는지 연구하고 있다. 상담자의 그 노력은 내담자와 상담을 하는 동안 분명히 나타난다.

3

생활지도와 심리상담은
이렇게 달라요.

학교에서 생활지도와 심리상담은 영역과 역할에 따라 구분되며
생활지도는 교사가, 심리상담은 전문상담교사가 한다.
학교상담은 교사와 전문상담교사 둘 다 할 수 있다.
생활지도를 할 때와 심리상담을 할 때의 학생에게 비춰지는 태도가 다르기
때문에 전문상담교사는 심리상담자로서의 역할과 영역을 공고히 할 수 있
도록 노력해야 한다.

이 책에서 생활지도는 학교에서 학생을 교육할 때 학생의 생활 및
행동, 인성 영역에서의 지도를 의미한다. 「교원의 학생생활지도에 관
한 고시」[11]에서는 학교의 장과 교원이 할 수 있는 생활지도의 범위와
생활지도의 방식에 대해 명시해 두었다. 생활지도 범위는 학업 및 진
로, 보건 및 안전, 인성 및 대인관계, 그 밖의 분야로 나누어 놓았다. 예

---

11) 교육부 고시 제2023-34호 출처: 국가법령정보센터

를 들면, 출석과 결석, 지각의 행동부터 시작하여 용모와 복장, 자신과 타인에게 피해를 주는 문제행동, 언어 사용이나 예절, 학교폭력 예방 및 대응, 학생 간의 갈등 조정 및 관계 개선, 특수교육대상자와 다문화 학생에 대한 인식 및 태도 등 학교생활에서 광범위한 영역을 차지하고 있다. 가정에서 보호자에게 배우는 가정교육을, 학교에서는 생활지도에 견줄 수 있겠다. 그만큼 생활지도는 학생들의 행동과 인성, 생활에 많은 영향을 준다. 초등학교에서는 학급에서 학생과 많은 시간을 보내는 담임교사가 학급경영을 하면서 생활지도를 하고 있다. 또한 교장선생님과 교감선생님, 특정 수업을 담당하는 전담교사와 특정 영역을 담당하는 비교과교사도 학교 운동장, 복도, 교실, 특별실에서 만나는 학생들에게 생활지도를 하고 있다.

학교상담은 그야말로 학교에서 이루어지는 상담이다. 학교상담은 교사가 할 수도 있고, 전문상담교사도 할 수 있다. 학급에서 학생이 어떤 문제를 호소할 때 교사가 일차적으로 상담할 수 있다. 그 학생에게 전문적인 심리상담이 필요하다고 생각될 때 전문상담교사에게 의뢰한다. 그래서 학교상담에서는 교사를 통해 더 심층적인 생활지도가 이루어질 수 있고, 전문상담교사를 통해 학생의 정서적 영역에 대한 상담이 이루어질 수 있다.

심리상담은 상담심리에 대해 교육과 훈련이 이루어진 상담전문가가 실시하는 것으로 상담, 심리, 심리치료 등의 학부, 석·박사 전공자나 상담 관련 학회에서 인증을 거친 상담심리전문가 자격 소지자가 할 수 있다. 학교에 소속된 전문상담교사는 상담심리 전문가로서 학생의 심리적 영역에 더 관심을 기울이며 심리상담을 한다. 생활지도는 직접적이고 즉각적이고 보이는 행동과 태도에 초점을 두기 때문에 학생들에게 통제적이고 지시적인 태도로 비칠 수 있어서 전문상담교사가 생활지도를 할 때는 조심스럽게 접근한다. 심리상담은 보이지 않는 심리, 무의식, 정서적인 부분에 초점을 두기 때문에 전문상담교사는 학생의 문제행동을 인식해도 직접적으로 개입하기보다 학생이 문제행동을 일으킬 수밖에 없었던 상황과 배경, 원인에 집중한다. 그래서 학생의 문제행동을 알면서도 문제행동을 수정하기보다 먼저 학생의 감정을 공감하고 수용하는 태도를 가진다.

따라서 생활지도와 심리상담은 어떤 역할을 하느냐에 따라 구분된다. 생활지도는 조언이나 정보제공, 행동수정의 역할을 하므로 교사가, 심리상담은 심리적 영역의 문제를 진단, 상담, 치료의 역할이 강하기 때문에 전문상담교사가 하는 게 맞다고 본다. 예를 들면 학교폭력 사안에 관한 조사를 해야 할 경우[12] 전문상담교사가 상담하면서 조사하면 되지 않냐고 말하는 사람도 있다. 상담할 때의 태도와 학교폭력 사안을 조사할 때의 태도는 다르기 때문에 학생의 입장에서는 혼란스러울 수 있다. 예전에 학교폭력 전담교사의 특별휴가 중에 학교폭력

---

[12] 2024년부터 학교폭력 사안이 접수되면 교육지원청에서 학교폭력 조사관을 학교로 파견한다. 하지만 조사관이 조사하러 오기 전에 학교에서도 관련 학생 면담을 통해 학교폭력 상황을 파악하고 있다.

사안이 발생했다. 그때는 조사관이 없었고, 학교폭력 사안 조사를 학교폭력 전담교사가 할 때였다. 학교폭력 관련 학생은 나에게 개인상담을 받는 학생이었고, 가해자로 의심되는 상황이었다. 관리자께서 전문상담교사인 나에게 학교폭력 사안 조사를 하라고 하셨고, 나는 학교폭력을 조사할 때와 상담할 때의 태도는 다르기 때문에 이 학생과의 상담관계를 유지하기 위해서 할 수 없다고 말씀드렸다. 휴가 간 동료교사를 위해 업무를 대신할 수 있었지만, 내가 이 학생에게 상담자로서의 역할을 유지하는 것이 더 중요하다고 생각했기 때문이다. 결국 여러 사정상 내가 학교폭력 사안 조사를 맡게 되었다. 물론 학교폭력 사안 조사를 할 때 조사자인 교사가 학생에게 윽박지르거나 강요하는 태도를 절대 취하지 않는다. 중립적이고 객관적인 태도로 담담하게 사안을 묻고, 다른 학생과 진술이 다르더라도 추궁하지 않으며, 학생의 진술을 있는 그대로 서술하여 정리한다. 나 또한 상담관계 유지를 위해 학교폭력 사안 조사를 할 때 더욱 신경 써서 부드러운 분위기에서 진행했지만, 그 학생은 그 이후부터 나와의 상담시간에 오지 않았다. 학생이 이유를 말해 주지 않았지만 자신을 무조건적으로 수용하고 지지해 주던 전문상담교사에게 자신의 잘못한 일을 구술하는 것이 불편했기에 다시 예전처럼 상담하는 것이 어색하지 않았을까 추측만 해볼 뿐이다.

2023년 9월부터 시행한 「교원의 학생생활지도에 관한 고시」[13]에 다르면 학생이 교육활동을 방해하여 다른 학생들의 학습권 보호가 필요하다고 판단되는 경우, 해당 학생을 분리할 수 있게 되었다. 학교에서는 세부사항을 학칙으로 정해야 하는데 분리실을 교무실로 할지, 상담실로 할지, 빈 교실에 새로 만들지 결정해야 했다. 먼저 분리실을 상담실로 하는 것에 대한 의견을 물어보서서, 생각을 말씀드렸다. "지속적으로 문제행동이 나타나는 학생에게 전문상담교사가 심리상담을 언제든지 할 수 있고, 해야 하는 것이 당연합니다. 하지만 그 학생이 교실에서 분리되어 상담실에 왔을 때 저는 심리상담을 하기 때문에, 처벌의 분위기는 조성할 수 없습니다. 그렇게 되면 학생은 상담실로 분리되는 것을 부정적인 처벌로 인식하는 대신 긍정적인 강화가 되어 학생의 문제행동 개선에 도움이 되지 않는 상황이 생길 수도 있습니다." 라고 말씀드려서 분리실을 다른 교실에 설치하게 되었다.

　이처럼 생활지도를 할 때의 태도와 심리상담을 할 때의 태도가 다르기 때문에, 학교 현장에서 전문상담교사가 심리상담의 역할을 온전히 다할 수 있도록, 생활지도와 심리상담의 영역을 구분해 주셨으면 좋겠다. 또한 전문상담교사도 학교 현장에서 상담자의 역할과 입장, 상담실의 기능 등을 설명하여 상담실이 무조건적인 공감과 수용의 장이 될 수 있도록 상담환경을 조성해야 한다. 학교에서 심리상담자의 역할인

---

13)　교육부 고시 제2023-34호. 출처: 국가법령정보센터

전문상담교사가 설명하고 노력해야 학교 현장에 심리상담이 정착하고, 학교 구성원들도 심리상담에 대해 이해할 수 있을 것이다. 학교 상담실이 분리실, 조사실, 놀이실, 휴게실로 전락되지 않도록 전문상담교사가 상담자로서의 역할을 공고히 하기를 스스로 다짐하고 응원한다.

4

학교 상담실보다 외부 상담기관이
더 전문적인가요?

> 상담의 분야에 따라 더 전문적이거나 특화된 상담과 풍부한 지원 프로그램
> 이 있을 것이다. 상담의 전문성은 어느 기관에 소속되어 있는지 보다 상담자
> 개인의 역량을 보고 판단할 수 있다.
> 아무리 상담자의 전문성이 뛰어나더라도 내담자와 잘 맞지 않으면 좋은 결
> 과를 기대하기 힘들다.
> 그래서 케이스 바이 케이스! 각 기관마다 장점과 단점을 파악하여 내담자의
> 상황에 맞게 선택하면 된다.

위(Wee)클래스를 설치할 수 있는 기준은 전체 학생 인원수가 101명 이상의 학교이다. 위(Wee)클래스 상담실에는 전문상담교사 또는 전문상담사가 근무하고 있다. 초등학교는 학교 규모에 따라 위(Wee)클래스가 설치되어 있는 곳이 있고, 없는 곳도 있다. 하지만 위(Wee)클래스가 설치되어 있어도 전문상담교사가 배치되지 않은 학교도 있어서 점차 확대되고 있는 중이다. 전문상담인력이 없는 학교에는 매년

신청 학교에 한 해, 교육지원청 위(Wee)센터에 있는 전문상담교사가 순회하며 상담하고 있다. 중학교와 고등학교는 학생 수 101명 이상의 대부분 학교에 위(Wee)클래스와 전문상담인력이 배치되어 있다. 아마 학교폭력 심각성을 고려해 중학교와 고등학교부터 전문상담인력을 배치한 것 같다.

재학 중인 학교에 위(Wee)클래스 상담실이 있다면 학교 위(Wee)클래스에서 상담을 받을 수 있다. 재학 중인 학교에 위(Wee)클래스 상담실이 없다면 교육지원청의 위(Wee)센터, 각 지역의 청소년상담복지센터(여성가족부 산하), 정신건강복지센터(보건복지부 산하), 가족센터(前 다문화가족지원센터, 여성가족부 산하)에서 무료로 상담과 심리검사 지원을 받을 수 있다. 특히 청소년상담복지센터에는 '청소년 동반자' 사업이 있다. 이 사업은 상담받을 청소년이 있는 학교나 집 근처로 상담자가 찾아가서 상담 지원을 하기 때문에, 혼자 외부 상담기관에 가기 어려운 학생들이 유용하게 이용할 수 있다.

상담의 분야에 따라 더 전문적이거나 특화된 상담과 풍부한 지원 프로그램이 있을 것이다. 청소년상담복지센터는 청소년 상담과 지원 프로그램에, 정신건강복지센터는 정신건강과 관련한 상담과 지원 프로그램에, 가족센터는 가족 및 다문화 상담과 지원 프로그램에, 심리치료발달센터는 미술치료와 놀이치료, 감각치료, 언어치료에 더 전문적이거나 특화되어 있다고 볼 수 있겠다. 그래서 내담자의 유형이나 호소문제에 맞게 전문적인 기관을 선택할 수 있다.

나의 개인적인 생각으로 다른 요건은 제외하고 상담의 전문성[14]만 놓고 보자면, 학교 위(Wee)클래스와 교육지원청의 위(Wee)센터, 청소년상담복지센터, 정신건강복지센터, 가족센터, 그 외 심리치료발달센터의 기관만 보고 어느 곳이 상담에 더 전문적인가 판단하기는 어렵다고 본다. 오히려 어느 기관에 속해 있는지보다 상담자의 개인 역량에 따라 전문성이 다르다고 생각한다. 예를 들면, 학부 졸업하고 바로 임용시험에 합격하여 상담 경험이 적은 전문상담교사가 학교 위(Wee)클래스로 발령받아 근무하고 있을 수도 있고, 석·박사학위를 가지고 상담 경험이 많은 상담자가 외부 상담기관에서 근무하고 있을 수도 있다. 반대로 석·박사학위를 가지고 상담 경험이 풍부하며, 심리치료사 자격을 가진 전문상담교사가 학교 위(Wee)클래스로 발령받아 근무하고 있을 수도 있고, 학부 졸업하고 바로 임용시험에 합격하여 상담 경험이 적은 전문상담교사가 위(Wee)센터로 발령받아 근무하고 있을 수도 있다. 또한 학부 졸업한 후 심리상담 관련 자격증을 취득하고 상담 경험이 적은 상담자가 외부 상담기관에서 근무하고 있을 수도 있다.

우리가 여기에서 간과해서는 안 되는 부분이 있다. 상담자의 전문성을 떠나서 상담자와 내담자의 역동에 따라 상담 결과가 다를 수 있다.

----

14) '전문성'의 사전적 의미는 어떤 분야에서 상당한 지식과 경험을 가지고 그 일을 잘하는 것을 의미한다. 출처: 네이버 국어사전

아무리 상담자의 전문성이 뛰어나다고 하더라도 학생과 보호자의 성향과 맞지 않고 그들이 기대하는 바를 채우지 못한다면, 상담을 유지하기 어렵고 상담의 좋은 결과도 기대하기 힘들다. 그리고 초보 상담자여도 학생과 보호자의 성향과 잘 맞고 그들이 기대하는 바를 충족시킨다면, 상담도 계속 유지되고 좋은 결과를 기대할 수도 있다. 그래서 "상담은 케이스 바이 케이스(Case by Case)다."라는 말을 많이 한다. 개인의 상황과 개별적인 사례에 따라 결과가 다를 수 있으니 이를 고려하여 결정하는 것이 좋다는 의미다. 다음은 내가 생각하는 학교 상담실과 외부 상담기관의 장점과 단점에 대해 적어 보겠다. 상담기관을 선택할 때 이 부분을 고려하여 내담자의 상황에 따라 결정하는 것이 좋겠다.

　내가 생각하는 학교 위(Wee)클래스 상담실의 장점은 첫째, 학교 상황에서 내담자 학생의 정서적·행동적 상황을 직접 관찰하거나 학생을 가장 가까이에서 관찰하는 담임교사와 직접 이야기를 나눌 수 있다는 점이다. 덕분에 학생의 정서적·행동적 상황 특히 문제행동이 자주 발생하는 경우, 학교 위(Wee)클래스 상담개입에 빠르게 적용되어 대응할 수 있다. 예를 들면 교실에서 감정 조절이 되지 않는 ADHD(주의력결핍 과잉행동장애)진단을 받은 학생의 경우, 학생이 어떤 상황에서 폭발적으로 분노나 공격적인 행동을 나타내는지 등의 문제행동에 대해 담임교사와 전문상담교사가 이야기를 나눈다. 수정이 시급한 문제행동에 대해 행동평가표를 만들어 교실에서 문제행동이 얼마나 일어나는지 담임교사가 체크한다. 이를 전문상담교사에게 전달하여 학생의 현재 상황에 따라 행동수정을 할 수 있다. 문제행동을 일주일에 10번 하다가 8번으로 줄었다면 좋아진 것으로 판단한다. 상담시간에 학생과 행동평가표를 함께 보면서 '학생이 문제행동을 어떻게 줄일 수 있었는지 노력과 방법'을 물어보고 그것을 학생에게 인식시킴으로서 '나도 노력하면 문제행동을 줄일 수 있다.'는 학생의 노력에 초점을 맞추도록 한다. 그리고 긍정행동을 더 확장시켜 나갈 수 있도록 학생에게 효과적인 긍정강화를 제공한다. 만약에 문제행동을 열 번, 여덟 번, 다섯 번까지 줄였다가 갑자기 일곱 번으로 증가되었다면 부정적으로 지적하기보다 어떤 이유가 있었는지 묻고 학생의 입장에서 그 상황을 공감한다. 그리고 이전에 작성한 행동평가표를 보면서 '문제행동을 학생 자신의 노력으로 줄였던 성공경험'을 상기시켜서 앞으로도 할 수 있다는 자기효능감에 초점을 맞추도록 돕는다. 더불어 학생에게 "사람들의 대부분은 문제행동이나 나쁜 습관을 고칠 때 일주일에 열 번을 하다가 갑자기 아예 안 하게 되는 것은 거의 불가능하다. 처음에는 문제행동을 일주일에 열 번 하다가 줄이기 위해 노력해서 여덟 번, 다섯 번을 하게 되었다가 다시 일곱 번을 할 수도 있다. 하지만 이때 실망하지 않도록 하자. 결국에는 처음 보다 좋아진 것이며, 증가와 감소를 반복하면서 서서히 줄어가는 방향으로 가고 있어서 결국 너는 좋아지고 있는 것이다."라며 그래프로 설명하기도 한다. 이렇게 교실에서의 문제행동을 담임교사 및 보호자와 연계하여 상담에 즉각 반영할 수 있다.

둘째, 학생의 심리적·행동적 문제가 지속되고 있다면 상담 횟수에 제한 없이 필요한 만큼 상담 지원을 받을 수 있다. 참고로 무료로 상담 지원을 제공하는 외부 상담기관은 상담 횟수가 정해져 있다.

학교 상담실의 단점은 상담실에 오가는 모습을 다른 사람이 볼 수 있다. 그래서 학생이 상담받는다는 사실을 다른 사람이 알게 될까 봐 걱정하는 경우가 있다. 그 마음을 알기 때문에 나도 할 수 있는 대로 최선의 행동을 한다. 학생이 상담받는 여부 자체가 비밀보장에 해당되기 때문에 다른 사람이 상담실에 와서 "○○이 상담받아요?"라고 물어봐도 의심하지 않도록 유연하게 대처한다. 또는 학생들이 학교에 없는 방과 후 늦은 시간에 상담하자고 제안하기도 한다. 그래도 자신이 상담받는 것을 다른 사람이 알게 될까 봐 걱정하는 학생과 보호자는 외부 상담기관을 선택한다. 혹은 내가 보호자와 학생의 마음을 잘 모르지만, 더 전문적인 곳에서 상담받기 위해 외부 상담기관을 선택할 수도 있다고 생각한다. 어디에서 상담받는지는 나에게 중요하지 않다. 학생과 보호자가 상담을 받기로 결정하고, 행동하는 자체가 훌륭하다고 생각한다.

반대로 외부 상담기관의 장점은 다른 사람에게 상담받는 것을 비밀로 할 수 있다는 점이다. 즉, 본인이 말하지 않고 외부 상담기관에서 마주치지 않는 이상 학생이 상담받는 것을 다른 사람들이 모를 수 있다. 그리고 학교에 학생 및 가정과 관련된 민감한 개인정보를 알리고 싶지 않을 때 유용할 수 있다.

둘째, 외부 상담기관은 여러 명의 상담자가 소속되어 있기 때문에 내담자의 호소문제나 상담 가능한 시간에 맞춰서 상담하기 적합한 상담자를 배정받을 수도 있다.

외부 상담기관의 단점은 첫째, 무료로 상담받는 기관(위센터, 청소년상담복지센터, 정신건강복지센터, 가족센터 등이 해당)인 경우 한 사람당 상담을 받을 수 있는 회기가 8~10회기로 정해져 있다. 상담 종결 후 내담자의 심리적 상태와 상담기관의 상황에 따라 상담을 추가로 진행할 수도 있다. 유료로 상담받는 기관(심리치료발달센터 등)은 횟수에 제한이 없지만, 상담 비용이 부담된다. 이런 경우 지원 조건에 해당된다면 바우처나 마음투자 지원사업을 통해서 상담비를 지원받을 수 있다.

둘째, 학교 담임교사와 외부 상담기관은 소통하는데 한계가 있다. 물론 보호자가 동의하면 학교 담임교사와 외부 상담기관의 상담자가 전화 통화로 정보를 주고받으며 협력하는 경우도 있다. 하지만 이것은 학교 담임교사와 외부 상담기관의 상담자, 보호자의 적극성이 있어야 가능하다. 학생은 교실에서 계속 문제행동을 보이고 있는데, 외부 상담기관에 가서 상담할 때 자신의 문제행동에 대해 이야기하지 않는 경우도 있다. 학생이 '아무 문제 없이 잘 지내고 있다.'고 말한다면 외부 상담기관의 상담자는 그렇게 믿을 수밖에 없다. 이런 경우 학생의 문제행동과 담임교사의 관찰 내용을 보호자가 외부 상담기관에 사실 그대로 전해 주면 도움이 되는데, 그렇게 되지 않는 경우도 있다. 그래서 학생의 현재 문제행동이 외부 상담기관의 상담에 반영되지 못하는 한계가 있다.

5

학교 상담실에서 상담받으려면
어떻게 해야 하나요?

> 첫째, 담임교사가 보호자의 동의를 받아 상담실에 의뢰하기
> 둘째, 보호자가 상담실이나 담임교사에게 연락하여 상담 신청하기
> 셋째, 학생이 상담실로 직접 찾아와서 상담 신청하기

학교 위(Wee)클래스 상담실은 학생과 보호자를 위해 활짝 열려 있다. 상담실 홍보를 위해 가정통신문도 주기적으로 보낸다. 가끔 보호자와 통화하다가 학교 위(Wee)클래스 상담실에서 심리상담이 가능하다고 말씀드리면 "이것도 학교에서 심리상담이 가능해요?"라고 물으시는 분들이 있다. 본교에 재학 중인 학생과 보호자라면 누구나 학교 위(Wee)클래스 상담실에서 심리상담 및 심리검사 등의 지원을 받을 수 있다. 학교 위(Wee)클래스 상담실에서 상담받는 방법은 다음과 같다.

첫째, 가장 많이 이루어지고 있는 방법으로 담임교사가 상담이 필요

한 학생을 학교 위(Wee)클래스 상담실로 의뢰를 하면 된다. 전문상담교사가 학기 초에 상담실 이용 방법이나 상담실에서 하는 일, 상담 신청 절차 및 의뢰서 양식을 교원 연수 혹은 전체 교직원 회의, 메신저 쪽지 등 여러 방법으로 전체 교원에게 안내한다. 학교마다 다르겠지만 상담신청서를 작성하여 서면으로 상담을 신청할 수도 있고, 전문상담교사와 대면하여 학생의 정서와 행동적인 상태에 대해 이야기하면서 구두로 신청할 수도 있다.

이것보다 우선되어야 할 것은, 상담받을 학생의 보호자에게 학생이 상담받는 것을 동의받아야 한다. 초등학생은 미성년자이기 때문에 보호자의 동의가 있어야 상담을 받을 수 있으며, 동의를 받는 방법은 서면동의와 구두동의가 있다. 학교 상담실에 보호자가 작성하는 개인정보보호동의서와 상담동의서 양식이 준비되어 있다. 매 학년이 시작될 때 가정통신문을 통해 전교생을 대상으로 받는 개인정보보호동의서에 학교 상담실 내용도 넣어 달라고 협조 요청을 하여 일괄적으로 상담 동의를 받는다. 하지만 가끔 비동의를 선택하시는 보호자가 있어서 개인상담을 시작하기 전에 한 번 더 보호자의 동의를 받는다. 단, 자해나 자살 관련하여 긴급한 위기 상황이라고 판단되는 경우 보호자의 동의 없이 상담할 수 있다.[15] 위기 상황에는 해당되지 않지만 학생의 정서적·행동적인 상태가 매우 심각한 경우, 예를 들면 ADHD가 의심되

---

15) 참조: 경상북도교육청 「자해&자살 위기개입 지침서」

어 수업 진행과 같은 반 학생들에게 피해를 끼치고 있거나, 심한 틱과 선택적 함구증을 보이고, 우울감과 불안감이 심각해 보이는 경우는 보호자의 동의가 없다면 심리상담, 심리검사, 외부기관 연계 등의 지원을 할 수 없다는 게 매우 안타까운 현실이다.

결국 상담이 필요한 학생이 학교 상담실에서 상담을 받을 수 있도록 하려면 담임교사와 전문상담교사의 협력이 필수적이다. 상담받을 학생의 보호자에게 동의를 받아야 하는 상황에서 나 같은 경우는 담임교사에게 보호자의 성향과 상담에 대해 어떤 생각을 가지고 계신지 물어본다. 보호자께서 학생의 상담을 원하고 계신다면 상담의 동의 절차는 순조롭게 진행된다. 하지만 보호자가 학생의 정서적·행동적 상황에 대해 모르거나, 받아들이지 못하고 계시는 상황이라면 학생이 겪고 있는 정서적·행동적인 어려움을 조심스럽게 말씀드리며 보호자와의 상담을 통해 상담 동의를 받는다.

나는 때로 사안이 복잡하거나 심각한 경우에는 담임교사, 전문상담교사가 함께 보호자를 대면상담한다. 이런 경우 대면상담을 하기 전에 담임교사와 어떤 주제와 내용, 말하는 순서, 보호자에게 권고할 내용 등을 협의하여 미리 상담을 준비한다. 말하는 순서는 대체적으로 담임교사, 보호자, 전문상담교사 순으로 배치하며 상황에 따라 누구나 먼저 이야기하거나 중간중간 말할 수도 있다. 먼저 담임교사가 학생이 교실에서 생활하는 모습과 문제행동을 말씀드리고, 보호자가 받아들이지 못하거나 심각한 경우에는 교과서, 일기장, 진술서, 사진, 동영상[16] 등의 자료를 보여드리면서 말씀드릴 때도 있다. 그다음에는 보호자에게 "가정에서 학생은 어떤가요? 학교에서 나타나는 문제행동이 가정에서도 나타나나요?"라고 질문하면서 학생의 가정생활과 과거 성장과정, 가족역동에 대해 탐색한다. 담임교사와 보호자의 이야기를 듣고 난 후 전문상담교사는 현재 학생이 어떤 정서적·행동적 어려움을 느끼고 있는지, 학생의 문제 상황이 발달단계에 어떤 영향을 미치는지, 이대로 둘 경우 추후 발생할 수 있는 어려움 등에 대한 소견을 말씀드리며, 문제 상황을 해결하기 위해 여러 가지 대안을 제시한다. 주로 학교 상담실에서 주기적으로 상담받는 것, 외부 상담기관에서 상담받는 것, 종합심리검사(풀배터리 검사, Full Battery Assessments)를 받도록 권유하는 것, 정신건강의학과 소아청소년전문의에게 진료받는 것 등을 대안으로 제시한다. 더불어 학교, 교육지원청, 도교육청, 지역사회 기관 등에서 지원받을 수 있는 부분이 있다면 안내드린다. 여러 가지 대안 중에 보호자께서 꼭 하셨으면 하는 내용을 추천드리기도 하지만, 결정적으로 보호자가 선택하실 수 있게 한다. 물론 보호자의 사정에 따라 대면상담이 어려울 때는 전화상담으로 진행하기도 한다.

둘째, 상담을 원하는 학생의 보호자가 상담실에 직접 연락하거나 담

---

16) 보호자께서 학생의 문제행동을 잘 인지하지 못하고 계시거나 받아들이지 못하는 상황에서는 "보호자께서 동의해 주신다면 학생의 문제 상황을 사진이나 동영상으로 찍어서 보여드려도 될까요?"라고 보호자에게 미리 동의를 받는 것이 좋다.

임교사를 통하여 상담을 신청할 수 있다. 학년 초에 가정으로 학교 위(Wee)클래스 상담실 이용 방법에 대한 가정통신문을 발송한다. 상담실에서 하는 일과 신청 방법이 자세히 적혀있다. 그리고 위(Wee)클래스 상담실은 교무실이나 행정실처럼 직통 전화가 있기 때문에 가정통신문에 상담실 직통 전화번호를 강조하여 안내한다. 상담실로 전화를 해서 상담 신청을 하면 상담할 수 있는 시간, 방법 등을 안내해 줄 것이다.

보호자가 담임교사에게 연락하여 학교 상담실에서 상담받고 싶다고 신청할 수도 있다. 그렇게 하면 담임교사가 전문상담교사에게 전달하여 상담 진행을 할 수 있다.

셋째, 상담받을 학생이 직접 상담실에 방문해서 상담받고 싶다고 말할 수 있다. '초등학생이 벌써 상담할 게 있나.'라고 생각할 수 있겠지만 초등학생도 감정이 있고 학교생활과 대인관계에서 고민과 갈등이 생길 수밖에 없다. 그래서 쉬는 시간이나 점심시간, 방과 후 시간에 직접 상담실로 찾아와서 "선생님 상담받을 수 있어요?"라고 물어보고 상담 약속을 잡는다. 시간이 가능하다면 바로 상담을 받을 수도 있고, 안된다면 추후 상담이 가능한 시간을 학생과 조율하여 상담 예약을 잡는다. 의외로 학생이 직접 상담실에 오는 경우도 많다. 이런 경우는 교우관계나 학업 스트레스로 힘들어서 오는 경우가 가장 많고, 가족관계나 진로 문제로 오는 경우도 있다. 학생이 직접 상담실에 온다면 원할 때 즉시 혹은 빠른 시일 내에 상담받을 수 있다는 것이 장점이다.

6

학교 상담실에서 상담받으면 소문날까 봐 걱정돼요.

상담을 시작할 때 '다른 학생들에게 소문날까 봐 걱정되는 마음'을 가지는 것은 이해된다. 하지만 "나 자신에게 더 좋은 사람이 되고 싶어서 상담받는 다."라고 말하는 학생처럼 언젠가는 상담실에 오면 좋겠다.

전문상담교사도 상담실에서 상담받는 학생들이 부당한 일을 겪지 않도록, 상담교육 시간에 '상담은 누구나 받을 수 있다.'라고 교육하고, 상담 관련 행사를 실시하여 '상담실에는 누구나 올 수 있다.'라는 학교문화를 조성하기 위해 노력하고 있다.

상담을 시작할 때, 걱정은 당연한 것

상담을 처음 받을 때 학생이나 보호자께서 '다른 학생들이 알게 되면 어떡하지?'라고 생각할 수 있다. 보호자가 학교에 다닐 때는 학교에 상담실이 많은 것도 아니었고, 아직 어른 세대에서는 상담에 대한 선입견이 있을 수 있다. 학생 상담을 권유 드릴 때 "다른 학생이 알게 될까 봐 상담 못 받겠어요."라고 말씀하시는 경우에는 "네. 보호자께서 그렇게 생각하시는 부분도 이해됩니다. 그런데 요즘은 옛날과 많이 달라서 상담교육 시간에 상담은 누구나 받을 수 있다고 교육하고 있고, 상담을 받는 다른 학생들도 꽤 많습니다. 그리고 상담을 받지 않아도 점심시간이나 방과 후 시간에 상담실에 놀러 오는 학생들도 많습니다."라고 말씀드리면 "아 그래요. 그러면 받겠습니다."라고 설득이 되는 경우가 꽤 있다. 그래도 상담을 원치 않는다고 하시는 분들에게는 "다른 학생이 상담실 주변에 없는 방과 후 시간은 어떠세요? 그리고 담임선생님께서 다른 학생들에게 이 학생이 상담받는다고 공개적으로 말씀하시지 않고, 저도 다른 학생들에게 이 학생이 상담받는다고 말하지 않습니다. 상담받는 것에 대해서 비밀보장이 되고, 학교 생활기록부에도 남지 않습니다."라고 한 번 더 설득해보기도 한다. 그래도 상담받는 것을 원치 않으신다고 하면 의견을 존중해 드리고, "지금 핸드폰에 뜨는 번호가 상담실 직통 번호라서 전화하시면 제가 다른 일이 없는 이상 바로 전화를 받습니다. 다음에라도 궁금한 것이 있으시면 언제든지 전화 주세요."라고 친절하게 말씀드린다. 다음 기회를 위하여 나의 의견이 맞다고 우기거나 강압적으로 하지 않고, 좋은 인상을 남기고 전화를 끊으려고 노력한다. 그렇게 하면 한 달 뒤, 한 학기 뒤, 일 년 뒤라도 다시 연락이 와서 상담을 시작하는 경우가 있기 때문이다.

전문상담교사의 조심; 말이나 행동에 마음을 씀

나는 상담받는 학생이 상담받는다는 이유로 부당한 일을 겪을까봐 신경을 많이 쓰고 있다. 여러 명이 있는 곳에서는 상담받는 학생에게 아는 척을 안 하기도 한다. 나는 이름을 아는 학생에게는 이름을 부르며 다정하게 인사하고 싶은데, 내가 학생의 이름을 부르면 "선생님. 제 이름 어떻게 아세요?" 혹은 "상담선생님이 네 이름을 어떻게 알아?"라고 말하는 경우도 있어서 학생들 이름을 부르면서 인사하는 것을 조심할 정도다.

전문상담교사도 상담받지 않는 학생들의 이름을 알 수 있다. 나는 일부러 학생들의 이름을 익히기 위해 위(wee)클래스 상담주간 행사에 오는 학생들이나 쉬는 시간, 점심시간, 방과 후 시간에 상담실에 놀러 오는 학생들에게 "네 이름은 뭐야? 선생님이 네 얼굴은 몇 번 봐서 아는데 이름을 몰라서 알고 싶어."라고 묻고 "선생님이 기억할게."라고 말한다. 학급 단위로 상담교육을 할 때 "얘들아. 선생님이 너희의 얼굴은 알지만 이름을 잘 몰라서 그러는데 이름 부르면 손 한번 들어주겠니?" 하고 출석 부르듯이 "○○아~" 이름을 부르고 얼굴을 확인하며 한 명씩 인사한다.

심지어 상담을 받지 않지만, 상담실에 놀러 오는 학생들과 친한 경우도 있다. 그런데 나와 친하다는 이유로 '저 학생은 상담실 다니는 학생 = 문제 있는 학생'으로 여겨질까 봐 조심스럽다. 그래서 특히 학교에 방문하는 보호자들 앞에서 특정 학생의 이름을 부르지 않고, 평소보다 덜 친밀하게 인사하거나 아는 척을 하지 않는 경우도 있다. 보호자들이 '저 학생은 상담을 받거나 문제가 있어서 상담선생님이 아시나 보다.'라고 생각할까 봐. 가끔은 내가 너무 과하게 조심하는 건가 생각될 때도 있지만, 혹시 모르니까 계속 조심하고 싶다.

나 자신에게 더 좋은 사람이 되고 싶어서 상담받는 거야

상담받는 학생 중에 "나는 상담실에서 상담받고 있고, 상담하면서 상담선생님과 이런 이야기를 하고 이런 활동을 해."라고 먼저 다른 학생들에게 이야기하면서 상담이 필요한 학생들을 상담실로 데리고 오는 경우도 있다. 이럴 때는 나와의 상담을 소중하게 여겨 주는 것 같아서 학생들에게 큰 고마움을 느낀다.

학생에게 받았던 편지 중에 정말 감명 깊었던 편지가 있다. 모범적이고 학교생활에 적극적인 학생인데 남모를 아픔이 있었다. 나는 '다른 학생들에게 본인이 상담받는 것이 알려지는 것을 원치 않을 것 같다.'라고 지레짐작하여 방과 후에 상담하는 것을 권유했지만 이미 다른 일정이 있어서 보호자와 학생이 창의적 체험활동 시간에 상담받고 싶다고 했다. 이 결정을 담임선생님께 말씀드리면서, "학생이 매주 같은 시간에 빠지면 같은 반 학생들이 어디 갔는지 궁금해할 텐데 보건실에 갔다고 말씀해 주시길 부탁드립니다. 다른 학생들이 이 학생을 이상하게 생각하는 분위기가 생길까 봐 걱정됩니다."라며 부탁드렸고, 담임선생님도 흔쾌히 알겠다고 해 주셨다. 그렇게 몇 달 상담한 후 스승의 날에 나에게 편지를 써서 주었는데 거기에는 이렇게 적혀 있었다. "선생님. 친구들이 너는 왜 상담하냐고 물으면 나는 아파서 상담하는 게 아니야. 나 자신에게 더 좋은 사람이 되고 싶어서 상담하는 거야라고 당당하게 말해요." 어쩌면 학생들보다 내가 상담에 대한 선입견의 벽이 더 높을 수도 있다. 학생들의 성장은 나보다 빠르고 높다.

상담실에서 상담 관련 행사를 하는 이유

위(Wee)클래스 상담실에 있는 전문상담교사들도 수업하시는 선생님들처럼 수업시간이나 방과 후 시간에 학생 상담, 보호자 상담을 하고 업무를 하느라 하루가 바쁘다. 그래도 위(Wee)클래스 상담주간, 친구야 사랑한데이 생명존중 교육주간, 사과데이, 칭찬데이 등 다양하게 상담 관련 행사를 실시한다. '학생들에게 어떤 프로그램을 하면 좋아할까? 어떤 선물을 주면 기뻐할까? 지난번 행사에는 이것을 했으니 제외하고 새롭게 할 수 있는 건 무엇일까? 전교생이 참여할 수 있는 프로그램은 뭐가 있을까?' 엄청 고민하며 준비한다. 이렇게 열심히 상담 관련 행사를 하는 이유는 상담실의 문턱을 낮추어 "상담실은 특별한 학생만 오는 것이 아니라 누구나 올 수 있다."를 학생들에게 실제로 경험시키기 위해서다. 상담실 공간이 허락된다면 학급 단위의 상담교육도 상담실에서 하고 있다. 이렇게라도 상담실에 한번 오면, 다음에 힘들 때 상담실을 떠올리거나 더 쉽게 방문할 수 있기 때문이다. 그리고 실제로 효과가 나타난다. 상담교육을 하거나 상담 관련 행사를 한 날 오후에는 자신의 고민을 가지고 조용히 찾아온다. 학생들의 그 조용한 방문이 너무 귀하고 소중하다. 그래서 전문상담교사들이 힘들어도 상담 관련 행사를 열심히 준비하는 것이다.

우리도 아무에게나 마음을 열지 않는다. 경험해 보고 믿을 만한 사람에게 마음을 열고 자신의 깊은 속마음을 이야기한다. 이처럼 학생들도 상담교육이나 상담 관련 행사를 통해 상담선생님을 만나고 경험하면서 '아 저분이면 내가 마음을 털어놔도 되지 않을까?' 혹은 '저 선생님한테는 내가 마음을 열지 못하겠다.'라고 판단을 내릴 것 같다. 그래서 저 상담선생님이 믿을 만한 사람이고, 내가 마음을 털어놓고 의지해도 괜찮겠다 싶으면 상담실에 방문한다. 이처럼 상담교육과 상담 관련 행사는 누구나 상담실에 편하게 올 수 있도록 문턱을 낮춰주는 방법이다. 상담실을 혼나러 가는 곳이 아니라 위로받는 곳이라고 생각하게 한다. 전문상담교사의 노력에 맞게 상담선생님을 믿고 자신의 마음을 열어 보여 주는 학생들이 정말 고맙다.

7

상담선생님은 공격적인 행동을 하는 학생을
오냐오냐 받아 주기만 하나요?

> 전문상담교사는 상담할 때 학생이 느끼는 감정을 수용하고 공감하는 것이
> 지, 잘못된 문제행동을 용납하는 것은 아니다.
> 공격적이고 충동적인 학생과 상담할 때는 상담 구조화를 구체적이고 명확
> 하게 실시한다. 상담 중에 문제행동이 나타났을 경우에는 부드럽고 단호하
> 게 제지하고, 지금 여기에서 전문상담교사가 느끼는 감정을 진솔하게 이야
> 기한다.

내담자의 심리적 어려움과 문제행동의 종류에 따라 상담하는 태도
와 상담기법이 다르다. 충동적이고 공격적인 성향의 내담자와 상담할
때는 상담 구조화를 구체적이고 명확하게 하고 시작한다. 상담 중에
공격적이고 파괴적인 행동 등 문제행동이 나타났을 경우에는 부드럽
고 단호하게 제지하고, 지금 여기에서 전문상담교사가 느끼는 감정을
진솔하게 이야기할 수 있다. 예를 들어 상담실에 있는 놀이치료실에
서 공격적인 행동을 보이는 학생과 상담을 시작하게 되면, 먼저 놀이

치료실에서의 규칙을 함께 정한다. 이렇게 규칙을 정하는 이유는 학생의 자기조절능력을 향상시키기 위해서다. 학생과 전문상담교사가 함께 협의하여 「놀이도구를 소중하게 사용하기. 상담시간 종료 5분 전에는 놀이도구 정리를 시작하기」등의 규칙을 보이는 곳에 적어 둔다. 이때 규칙은 단순 명확해야 하며, '~하지 않기'의 부정문장보다 '~하기'의 긍정문장으로 작성하는 것이 좋다. 또한 규칙을 어겼을 경우 「다음 상담시간에 놀이치료실 사용하지 않기. 오늘 간식 받지 않기」 등의 약속을 학생과 상의하여 미리 정한다. 상담 중에 학생이 놀이도구를 부수고, 던진다면 "○○아, 그만해요. 놀이도구를 놓고 여기에 앉아요. 네가 놀이도구를 이렇게 부쉈기 때문에 규칙대로 다음 상담시간에 놀이치료실을 이용할 수 없어요. 우리가 약속한대로 놀이치료실에 있는 물건들은 소중하게 다뤄야 하는데, 네가 갑자기 부수니까 선생님이 많이 놀라고 당황스러워요."라고 내담자의 눈을 보며 부드럽고 단호하게 이야기한다.

전문상담교사는 상담할 때 학생이 느끼는 감정을 학생의 입장에서 무조건적으로 수용하고 공감하는 것이지, 잘못된 문제행동을 용납하는 것은 아니다. 감정코칭의 기본 원칙도 감정은 받아 주되, 잘못된 행동은 고쳐주는 것이다. 만약 교실에서 자기 마음대로 되지 않아 물건을 던지고 욕하며 감정을 폭발한 A학생이 있다고 하자. 이런 경우, A학생의 감정을 가라앉히기 위해서 자극이 적은 안정된 공간(상담실 등)으로 옮겨 주는 것이 좋다. 왜냐하면 A학생이 감정 폭발하는 모습을 보고 다른 학생들이 불안을 느낄 수 있으며, A학생에 대한 나쁜 이미지를 가질 수 있기 때문이다. 울면서 상담실에 온 A학생에게 처음에는 아무것도 묻지 않고 "상담실에 너무 잘 왔어. 이럴 때는 상담실에 와서 마음을 편하게 해 주는 거야."라며 편안한 좌석에 앉혀서 눈물을 닦을 충분한 티슈와 마실 물을 예쁜 컵에 내온다.[17] "여기서는 마음껏 울어도 괜찮아. 너 울고 싶을 때까지 충분히 울어."라며 감정을 받아 주고 학생이 우는 동안 전문상담교사는 학생 옆에 잠잠히 앉아 있는다. "네가 얼마나 속상하고 화가 났으면 이렇게 많이 울었겠니. 선생님도 네가 우는 거 보고 마음이 아팠어. 너무 많이 울어서 쓰러질 수도 있으니 일단 물을 마셔 보자."라며 중간중간 물을 먹이고 티슈를 건네준다. A학생의 감정과 신체가 안정되어 말을 할 수 있을 때 물어본다. "무슨 일이 너를 이 정도로 화가 나게 만든 건지 이야기해 줄 수 있을까?" 문제행동의 주체가 A학생이 아닌, 사건이 주체가 되도록 질문한다. 이는 A학생도 화가 날만한 이유가 있어서 그랬을 것이라는 이해를 전제로 한 것이다. A학생은 혼날 줄 알았는데 '너도 원인이 있어서 이렇게 했을 거야.'라는 자신의 마음을 헤아려 주는 질문 덕분에 마음을 열고 있었던 일들을 이야기한다. 전문상담교사는 비판이나 평가, 의심 없이 A학생의 이야기를 충분히 듣고 "누가 너에게 이렇게 해서 화

---

17) 상담 시간에 좋은 티슈와 예쁜 컵에 담긴 물, 예쁜 접시에 간식을 담아 제공하는 것은 상담받는 학생에게 소중히 대접받는 기분을 받게 함으로써 "너는 소중한 존재야."라는 메시지를 줄 수 있다.

가 많이 났었구나."라며 나의 입장이 아닌 'A학생의 입장에서' 감정을 공감해 준다. A학생이 자신의 감정을 충분히 수용 받았다고 느끼고 안정되었을 때, A학생을 존중하는 태도와 부드러운 어조로 잘못된 행동에 대해 피드백 한다. "A야. 다른 학생이 수업 시간 중에 비웃는 것을 보고 무시당하는 기분이 들어서 물건을 던지고 욕을 했구나. 네가 무시당했을 때 정말 화가 많이 났을 것 같아. 선생님도 다른 사람이 나를 무시한다면 화가 난단다. 그런데 A야. 어떤 상황에서라도 다른 사람에게 욕을 하거나 물건을 던지거나 때리는 공격적인 행동은 하면 안 돼. 화가 확 올라왔을 때 감정을 주체하지 못해서 물건을 던지고 욕을 했을 거야. 화가 확 올라왔을 때 행동을 하면 공격적이고 다른 사람에게 피해를 주는 행동을 하게 돼. 그래서 화가 확 올라오면 아무 행동도 하지 말고, 그 자리를 피해서 먼저 감정을 가라앉혀야 해. 감정이 가라앉으면 우리가 배운 '나 전달법'으로 네가 이렇게 행동해서 내가 어떤 감정이 들었으며 앞으로 어떻게 행동을 해 줬으면 좋겠는지 '말'로 표현해야 해. 네가 좋게 말했는데도 상대방이 사과하지 않고 너에게 계속 기분 나쁜 행동을 한다면 교실에 계신 선생님께 도움을 요청해서 그 학생의 행동을 멈추게 하고 사과를 받도록 해. 선생님께 도움을 요청할 때는 원하는 것을 명확하게 말해야 해. 'OO이가 저를 비웃고 무시해서 화가 많이 나요. OO이가 저런 행동을 하지 않도록 도와주세요. 자기 잘못을 인정하고 사과하게 해 주세요.'라고 말이야." 감정은 받아주되, 문제행동에 대해서는 단호하게 잘못된 것을 말해 주고, 앞으로 이런 상황에서는 어떻게 행동해야 하는지 새로운 대안행동도 가르쳐 준다. 그리고 꼭 이렇게 말하는 것을 잊지 않는다. "A야. 비슷한 상황이 생겼을 때 오늘 선생님에게 배운 것을 바로 적용하는 것이 힘들 수도 있어. 습관이 된 공격적인 행동을 한 번에 고치는 건 너무너무 어려운 일이거든. 하지만 같은 상황이 생기면 일단 그 자리를 피하는 것부터 해 보자. 그다음 번에 또 그런 일이 생기면 자리를 피해서 심호흡하며 감정을 가라앉히는 것까지 해 보자. 이렇게 하나씩 단계적으로 행동을 바꾸면서 꾸준히 반복해서 연습하다 보면 언젠가는 자신의 감정을 조절하고 '나전달법'으로 나의 감정을 건강하게 표현하며, 선생님께 구체적으로 도움을 요청할 수 있게 될 거야. 한 번에 되지 않겠지만 포기하지 말고 계속 선생님과 연습해 보자." 또한 새롭게 배운 대안행동을 종이에 단계적으로 적어 준다. 필통에 넣고 생각날 때마다 읽으면서 기억할 수 있도록 격려한다.

8

상담선생님이 학생과
보드게임을 하는 이유가 있어요.

> 비자발적으로 상담실에 온 학생이라면, 전문상담교사와 친밀한 관계를 형
> 성하기 위해 보드게임을 한다.
> 또래 학생과의 잦은 갈등을 일으키는 학생이라면, 전문상담교사와 보드게
> 임을 하는 과정에서 문제행동을 수정할 수 있도록 개입할 수 있다.
> 또래와의 교류가 없는 학생이라면, 전문상담교사와 하는 보드게임을 통해
> 심리적으로 안정된 환경에서 놀이 욕구를 충족시킬 수 있다.

　상담선생님이 학생과 보드게임하는 것을 보며 '학생과 그냥 노는구
나.'라고 생각하실 수도 있다. 상담받으러 오는 모든 학생과 보드게임
을 하는 것은 아니며, 상담 과정 중에 보드게임이 필요한 학생이 있다.
그리고 아무 보드게임이나 하는 것은 아니고, 학생의 문제해결에 도움
이 될 수 있는 특징을 가진 보드게임으로 선택한다. 또한 내담자 중심
의 놀이치료가 필요한 경우 학생에게 직접 선택하도록 한다.

첫째, 처음 만난 학생이라면 친밀한 관계를 형성하고 상담실을 친숙하게 생각할 수 있도록 보드게임을 한다. 특히, 상담에 비자발적인 학생이라면, 보호자나 담임교사를 통해 억지로 상담실에 오게 된 학생이라면, 학생이 좋아하는 보드게임을 하면서 전문상담교사에 대한 친근감을 갖게 하고 상담에 대한 흥미를 높이기 위해 사용한다. 보드게임을 하면서 학생과 전문상담교사가 친밀하고 안정된 관계를 형성하고, 학생이 전문상담교사를 믿을 만한 사람이라고 생각하게 되는 시기가온다. 그때는 전문상담교사가 어려움과 고민을 묻지 않아도 학생이 먼저 자신의 이야기를 시작하는 경험을 했다.

둘째, 문제행동은 즉시 개입해서 행동을 수정하는 것이 효과가 좋다. 그래서 또래관계에서 규칙을 지키지 않아 갈등을 자주 일으키는 학생에게 보드게임을 활용한다. 보드게임을 할 때 규칙을 어기면 다른 학생들이 비난하고, 내담자 학생도 계속 우겨서 갈등이 시작된다. 또래 학생들과 있을 때만큼은 아니지만 상담선생님과 보드게임을 할 때도 규칙을 어기는 행동은 나타난다. 이런 경우 ADHD(주의력결핍 과잉행동장애)로 인해 또래관계에서 놀이가 어려운 경우를 제외하고는 인정욕구와 애정욕구 때문이라고 생각한다. 규칙을 어겨서라도 '이기고 싶은 마음'이 큰 이유는 이겨야 인정받을 수 있고, 이겨야 상대방보다 내가 낫다는 느낌을 받을 수 있고, 인정받아야 사랑받을 수 있다고 생각하기 때문이다. 내담자 학생의 성장과정에서 인정과 사랑을 받아야 할 시기에 충분히 받지 못했거나, 적절하게 받지 못해서 인정욕구와 애정욕구가 충족되지 않았다. 이런 성향의 학생과 상담할 경우, '규칙 설정'과 '상담자의 일관성'이 중요하다고 생각된다. 또래 학생들은 보드게임을 하면서 보드게임 설명서에 적혀있는 규칙을 그대로 지키기보다 자기들만의 게임 규칙을 만들어서 하는 경우도 있다. 전문상담교사와 보드게임을 할 때 "우리 반에서는 이렇게 하는데요."라고 말하며 내담자 학생이 이길 수 있는 유리한 게임 규칙을 적용하려고 한다. 그래서 보드게임을 하기 전에 교실에서 사용하는 게임 규칙 말고 설명서에 나와 있는 규칙으로 하자고 미리 약속해야 한다. 그래야 내담자 학생이 이기려고 예외 규칙을 적용하려고 할 때, 불필요한 기싸움을 하지 않아도 된다. 물론 설명서에 있는 규칙대로 하면서도 내담자 학생이 "아... 우리 반에서는 이렇게 하는데..."라고 계속 불평하겠지만 그럴 때는 "○○이가 반에서 사용하는 게임 규칙을 못 써서 불편하고 서운한가 보구나. 그래도 선생님은 너희 반 게임 규칙을 잘 모르니까 우리 공평하게 설명서에 있는 규칙을 사용하자."라고 학생의 마음도 읽어 주고 공감해 준다. 그리고 일관성 있게 약속대로 설명서의 규칙을 적용한다. 간혹 인정욕구와 경쟁심이 강한 학생은 한 번만 봐달라고 하거나 불쾌한 감정을 표출하며 자기가 원하는 대로 상황을 조정하려고 할 수도 있다. 하지만 학생의 그런 태도에 일일이 반응하지 않고, 부드럽고 일관적인 태도로 "우리 처음에 약속한 대로 하자."라고 한다면 학생도 점점 순응해 갈 것이다. 대신 보드게임을 할 때 전문상담교사가 실제로 질 수도 있지만, 이길 것 같으면 학생이 눈치채지 못하게 게임에서 아슬아슬하게 져 준다. 그리고 "OO아. 네가 규칙을 잘 지켜도 게임에서 이길 수 있지?"라고 말하며 내담자 학생이 이긴 것을 기쁘게 축하하며 박수를 친다. 이때 학생에게 칭찬해 줄 때는 이긴 것을 칭찬하기보다, 보드게임 과정에서 최선을 다해 노력하고, 즐거운 마음으로 보드게임을 하고, 규칙을 잘 지킨 것을 칭찬한다. 이긴 것에 초점을 맞춰서 칭찬하게 되면, 칭찬받으려고 더 이기려고 할 것이다. 하지만 보드게임 과정에서 노력하고, 즐거운 마음으로 보드게임을 하고, 규칙을 잘 지킨 것에 초점을 맞추면 보드게임 과정을 즐기고 규칙을 지키기 위해 노력할 것이다. 그리고 전문상담교사는 져도 속상해하기보다 "져도 괜찮아. 져도 아무 상관 없어. 내가 보드게임에서 진다고 다른 사람보다 못난 것은 아니야. 보드게임에서 항상 이길 수는 없어. 모든 사람은 이길 때도 있고, 질 때도 있어. 보드게임은 즐겁기 위해 하는 거니까 즐거웠으면 됐어."라는 내용을 은연중에 계속 표현한다. 이 과정을 여러 번 반복하다가 내담자 학생이 약속한 규칙을 지키는 것에 익숙해졌을 때는 일부러 져주지 않고 자연스럽게 한다. 전문상담교사가 이겼을 때는 내담자 학생을 자극하지 않고 담담하게 행동한다. 그러면 내담자 학생도 전문상담교사의 행동을 보고 배워서 전문상담교사가 이겼을 때 박수를 치며 축하해 준다. 보드게임을 마무리 할 때는 즐거웠는지 물어보고 "우리는 보드게임을 이기기 위해 하는 것보다 즐거운 시간을 보내기 위해 하는 것이다."에 초점을 맞추고 정리한다.

보드게임을 하면서 공격적이거나 충동적인 문제행동이 나타나기도 한다. 학생 본인이 질 것 같을 때 보드게임 도구를 바닥에 던지거나, 보드게임을 엎을 수도 있다. 이러한 문제행동이 나타났을 때 전문상담 교사가 내담자 학생에게 소리치며 혼내거나, 같이 흥분하지 않고 담담 하게 대한다. 내담자 학생이 흥분해서 공격적인 행동을 할 때, 전문상 담교사가 같이 흥분해서 힘으로 억누른다면 내담자 학생에게 감정 표 현의 잘못된 방법을 또 학습시키는 것밖에 안 된다. 차분하게 환경을 정리하고 "네가 지금 화가 많이 났으니 선생님이 너의 마음이 가라앉 을 때까지 기다릴게. 네가 마음이 가라앉으면 말해 줘."라고 말하고 내 담자 학생이 흥분을 가라앉힐 때까지 원래 자리에서 기다린다. 안정을 찾으면 전문상담교사가 지레짐작하지 말고 내담자 학생에게 왜 화가 났는지 직접 물어보고, 충분히 듣는다. "네가 아까 ○○해서 화가 났었 구나. 그런 상황이 싫었다면 화가 날 만했네. 선생님도 싫어하는 상황 이 생기면 화가 많이 날 때가 있거든. 그렇게 화가 났을 때는 어떤 행 동을 하기보다 그 자리를 피해서 흥분한 감정을 먼저 가라앉히는 것은 어떨까. 예를 들면 화가 났을 때 물건을 던지거나 엎기보다 그 자리를 피해서 심호흡을 하며 감정을 가라앉히는 것부터 해보자. 오늘처럼 상 담시간에 화가 많이 난다면 자리를 피하는 것은 어려우니 '선생님 저 화났어요. 저에게 시간을 주세요.'라고 말하면 네가 감정을 가라앉힐 때까지 기다릴게. 만약 수업시간에 화가 난다면 마음속으로 '잠깐' 외 치고 조용히 심호흡을 하는 것도 도움이 돼. 화를 가라앉힌 다음에는 상대방에게 '나전달법'으로 나의 감정을 건강하게 표현하도록 하자."
내담자 학생이 화가 났을 때 하는 문제행동 대신 사회상황에서 적절한
대체행동을 할 수 있도록 가르쳐 주고 연습할 수 있도록 한다. 처음부
터 완전히 바뀔 수 없겠지만 일단 화가 났을 때 공격적인 행동을 하기
보다 그 자리를 피하는 것이 가능하게 된다면, 그다음 단계인 심호흡
을 해서 감정을 가라앉히는 것도 연습하고, 그다음에는 나전달법으로
자신의 감정을 평화롭게 표현하는 것까지 단계적으로 연습한다. 정신
병리적인 문제가 아니라면 내담자 학생은 감정을 조절하는 방법을 제
대로 배우지 못했고 연습하지 못했기 때문이다. 학생이 자신의 문제행
동을 인식하고 수정하는 것은 길고 어려운 과정이지만, 여러 번 반복
해서 연습한다면 문제행동을 수정할 수 있다. 또한 내담자 학생은 교
실로 돌아가 수정된 행동과 관계 기술을 실행해 봄으로써 또래관계에
서 갈등을 줄여나갈 수 있다.

   셋째, 교실에서 다른 학생들과 의사소통이나 교류가 적고 혼자 있는
학생들이 있다. 혼자 있는 학생들은 다른 학생들이 쉬는 시간이나 점
심시간에 노는 것을 지켜볼 뿐 같이 놀자고 말을 못할뿐더러, 다른 학
생들도 같이하자고 제안하는 경우도 적다. 이 학생들이 상담실에 오면
전문상담교사와 보드게임하는 것을 무척 좋아한다. 얼마나 좋아하냐
면 교실에서 말을 안 하는 선택적 함구증 학생이 갑자기 말을 하거나
소리 내어 웃을 정도로 좋아한다. 상담의 시작은 어떤 보드게임을 할

지 학생이 고르게 하는 것부터 시작한다. 이 학생들의 경우에는 학교에서 좋고 싫음을 표현하는 것도 어려워한다. 그래서 좋아하는 보드게임이 있어도 잡지 못하고 그 앞에 서서 가만히 있는다. 전문상담교사가 옆에서 기다리다가 학생 앞에 있는 보드게임을 하나씩 가리키면서 어떤 것이 좋은지 물어봐야 겨우 고개를 끄덕이거나 손가락질을 하며 표현한다. 상담을 시작한 지 2~3회기 정도 지나면 "오늘 하고 싶은 보드게임을 가져오세요." 하면 바로 가져와서 보드게임 시작을 위한 셋팅도 해 놓는다. 이 학생들에게 전문상담교사와 보드게임을 하는 과정은 심리적으로 안정된 환경이다. 또래 학생과 보드게임이나 놀이를 할 때는 이 학생들의 머뭇거림을 다른 학생들이 기다려 주지 않는다. 그리고 보드게임이나 놀이를 못하면 네 탓이라는 비난을 들을 수 있다. 학생은 못한다는 평가에 더 위축되어 또래 학생들과의 보드게임과 놀이를 아예 시도조차 하지 않게 될 수도 있다. 하지만 전문상담교사와의 보드게임에서는 머뭇거려도 충분한 기다림을 받고, 잘하지 못해도 비난에 대한 두려움 없이 마음껏 할 수 있다. 어떤 학생은 또래 학생들과 보드게임을 하는 경험이 적어서 가족들과 보드게임을 자주 했다. 그래서 그런지 보드게임할 때 전략이 좋았고, 전문상담교사에게 전략을 가르쳐 주기도 했다. 학생에게는 이 시간이 기쁨이었다. 그렇게 보드게임을 잘하는데 또래 학생들과 얼마나 함께 놀고 싶었을까. 그만큼 학생들에게 보드게임과 놀이의 힘은 크다. 학생들에게 놀이는 치유와 위로의 힘을 가지고 있다.

3장

학교에서 하고 싶은 이야기

1

학생을 상담할 때 담임교사, 보호자, 전문상담교사는 각각 어떤 역할을 해야 하나요?

> 담임교사는 학생의 문제행동과 심리적 어려움을 발견하면 보호자에게 알리고 전문상담교사나 상담기관으로 의뢰한다.
> 전문상담교사는 학생의 심리적 상태를 파악하여 학생에게 맞는 상담을 제공하며, 담임교사-보호자-전문상담교사가 학생에게 일관적인 태도로 다가갈 수 있도록 정보제공 및 협력관계를 형성한다.
> 보호자는 학생이 필요한 심리적 지원을 받을 수 있도록 상담에 동의하고, 보호자도 학교상담에 협조하면서 안정된 양육태도와 가정환경을 조성한다.

    학생을 상담할 때 학생과 전문상담교사의 노력만 있는 것은 아니다. 학생을 위해 담임교사와 보호자, 전문상담교사의 협력이 있어야 최선의 효과를 볼 수 있다고 생각한다. 이 부분은 사례로 이야기하면 이해하는 데 도움이 될 것 같다. 상황마다 적용 방법은 다르니 참고하여 보시면 좋겠다.

담임교사의 역할: 상담 의뢰와 징검다리

잦은 교우관계 갈등과 공격적인 언행으로 수업 진행과 학급경영이 어려운 학급이 있다고 상상해 보자. 해당 학생에게 생활지도를 했지만 문제행동은 나아질 기미가 안 보이고 점점 심해지고 있다. 담임교사가 보호자 상담을 하며 학급에서 학생의 문제행동과 그로 인해 다른 학생들이 받는 피해 상황을 전했다. 하지만 보호자는 "집에서는 괜찮아요. 그리고 전에 선생님들은 그런 말씀이 없으셨는데요. 다른 학생이 우리 애한테 잘못해서 그런 건 아닐까요?" 또는 "선생님께서 우리 아이를 색안경을 끼고 보셔서 그런 거 아닐까요? 저희 애도 선생님한테 많이 혼난다고 하던데요."라고 반응하실 수 있다. 보호자가 받아들이지 못하는 상황일수록 학생의 문제행동이 있을 때마다 보호자에게 전달하는 것이 좋다고 생각한다. 담임교사는 보호자가 스트레스받을까 봐 배려할 때도 있는데, 보호자가 나중에 한꺼번에 듣거나 다른 보호자에게 전해 듣게 되면 "문제행동이 있을 때 왜 연락하지 않았습니까? 저는 말씀을 안 해 주셔서 아무것도 모르고 있었습니다. 제가 미리 알았다면 교육을 해서 그런 문제행동은 하지 않았을 겁니다."라는 원성을 들을 수도 있다. 담임교사로서 할 수 있는 최선을 다하며 노력하고 있는데 그런 피드백을 받으면 억울하지 않겠는가. 문제행동이 너무 잦아서 보호자에게 연락을 자주 하는 것이 어렵다면 "○○이에게 문제행동이 나타날 때마다 전화 드리면 보호자께서도 불편하실 수 있고, 저도 수업과 업무로 매번 전화드리기 어려울 수도 있습니다. 괜찮으시면 문제행동이 나타날 때마다 문자로 알려드려도 될까요? 심각한 사안일 때는 전화를 드리겠습니다."라고 제안하여 협의할 수도 있다.

또한 이런 상황에서 담임교사는 전문상담교사에게 학생의 상담을 의뢰하거나, 관리자에게 보고하여 전문상담교사의 개입을 요청할 수 있다. 학교 상담실에서 상담을 받기 위해서는 보호자의 동의를 받는 것이 우선이다. 이때 보호자와 이미 라포가 형성된 담임교사가 보호자에게 학생의 상담을 권유하는 것이 자연스럽다. 갑자기 학교 상담실 전문상담교사가 전화하여 "학생이 상담을 받으면 좋겠다."라고 말씀드리면 많이 놀라시고 방어적으로 반응하는 경우가 많기 때문이다. 그래서 전문상담교사와 보호자 간의 징검다리 역할을 담임교사가 해주면 상황이 부드럽게 전개된다. "저희 학교에 상담실이 있으니 〇〇이가 상담을 받아보는 게 어떨까요? 다른 학생들과 다툼이 자주 일어나니 〇〇이가 많이 힘들어하고 있고, 본인도 공격적인 행동을 안 하려고 노력하는데 스스로 조절이 어려운 것 같습니다. 주위 학생들도 피해를 받으니 〇〇이를 점점 멀리해서 교우관계도 더 어려워지고, 평판도 나빠질 것 같아요. 또한 피해받는 학생들의 보호자들도 근본적인 문제해결을 요청하십니다. 그리고 가장 힘든 건 〇〇이 자신일 거예요. 학생에게 맞는 도움을 받아보는 게 어떨까요?"라고 말씀드려 학교 상담실에서 상담을 받을 수 있도록 설득을 한다. 학생이 적절한 상담 지원을 받을 수 있도록 보호자가 동의해 주시면 담임교사-보호자-전문상담교사가 상의하여 상담계획을 설정한다.

전문상담교사의 역할; 학생 상담과 보호자 코칭

전문상담교사는 보호자, 담임교사와 상의하여 학생의 상담시간을 정한다. 「교원의 학생생활지도에 관한 고시」에 의해 학교 상담실에서 하는 전문상담교사와의 상담은 보호자가 동의하면 수업시간에 실시하는 것이 가능하다.[18] 나는 주로 창의적 체험활동 시간 혹은 방과 후 시간 중에 보호자와 학생이 결정하도록 하며, 창의적 체험활동 시간이나 수업시간 중에 상담을 원하는 경우 담임교사와의 협의도 필수다. 또한 전문상담교사의 상담시간표와 조정하여 결정한다. 방과 후 시간에 학생 상담을 하면 같은 반 학생들이 상담받는 것을 모를 확률이 높고, 수업을 빠지지 않을 수 있다는 장점이 있다. 하지만 학생은 오전부터 수업을 듣고 방과 후에 상담실에 오면 피곤해서 상담에 집중을 못 하거나, 학원 일정이 있거나, 친한 친구와 함께 하교를 못한다는 단점이 있다. 그래서 창의적 체험활동 시간에 상담을 받는 학생들도 꽤 많다.

또한 상담 시작 전에 보호자에게 "제가 아직 학생을 직접 만나지 않았기 때문에 학생에 대해 잘 모릅니다. 학생과 여러 번 상담을 진행한

---

18) 「교원의 학생생활지도에 관한 고시」 제10조 2항에 따르면 상담은 수업시간 외의 시간을 활용함을 원칙으로 한다. 다만 진로전담교사 또는 전문상담교사에 의한 상담, 학교의 장과 보호자 간의 상담 등은 예외로 한다. 출처: 국가법령정보센터

후에 또 연락을 드리겠습니다. 우리 어른들도 아무에게나 마음을 열지 않고 믿을 만한 사람에게 자신의 마음을 이야기하듯이 학생이 저에 대한 믿음을 가지고 친밀감을 형성할 수 있는 시간이 필요합니다."라고 말씀드린다. 즉, 한두 번 상담한다고 학생의 문제행동이 바로 변하지 않으니 전문상담교사와 학생에게 시간을 주고 기다려 주십사 말씀드린다. 상담하는 동안 담임교사와 보호자에게 적절한 지도방법과 양육 태도를 코칭하기도 한다. 학생에게 적절한 상담이론과 상담기법은 무엇인지 연구한다. 그리고 전문상담교사는 상담하는 동안 상담 내용을 꼼꼼히 기록한다. 상담 내용의 비밀보장에 최선을 다하며, 상담일지를 다른 사람이 보거나 유출되지 않도록 열쇠가 있는 캐비닛에 보관한다. 학생의 심리 상태를 파악하기 위해 표준화된 심리검사나 투사검사, 심리평가 척도를 실시한다. 학생의 심각도에 따라 보호자의 동의를 받아 종합심리검사(풀배터리 검사)를 받도록 하거나 정신건강의학과 진료, 외부 상담기관으로 의뢰할 수도 있다.[19] 지원 조건에 해당된다면, 종합심리검사비나 진료비 등을 지원받을 수 있는 방법도 안내드려서 보호자의 부담을 덜어드릴 수 있다.

---

19) 「교원의 학생생활지도에 관한 고시」 제9조 3항에 따르면 학교의 장과 교원은 학생의 문제 개선을 위하여 전문가의 검사·상담·치료를 보호자에게 권고할 수 있다. 출처: 국가법령정보센터

마음을 연습하는 상담실

보호자의 역할; 동의와 협조

학생 상담을 위한 보호자의 첫 역할은 학교 상담이나 외부기관 의뢰에 동의하는 것이다. 생각보다 보호자가 동의하지 않아서 상담을 받아야 할 학생이 상담을 받지 못하는 경우가 많다. 그리고 전문상담교사가 보호자에게 상담을 요청하여 학생의 발달과정, 과거사, 가족 간의 역동, 가정환경 등의 정보를 물어볼 때가 있다. 민감한 내용이지만 전문상담교사를 믿고 최선을 다해 정보를 전해 주시면 학생을 상담을 하는 데 도움이 된다. 이 정보를 바탕으로 학생 문제행동이나 심리적 어려움의 원인에 대한 가설을 세우고, 상담할 때 어떤 상담이론과 상담기법을 사용할지 결정할 수 있기 때문이다. 간혹 보호자께서 "과거에 가정에서나 학생에게 아무 문제 없었다."라고 하시며 아무 정보를 주지 않으셔서 상담을 진행하는 데 어려움을 겪는 경우도 종종 있다.

아기가 태어나면, 아기의 세상은 주양육자인 엄마, 아빠, 조부모 등의 보호자이다. 아기는 보호자를 통해 세상이 어떤 곳인지 인식하게 된다. 보호자와의 관계가 안정적이었으면 아기는 세상이 두렵지 않고 다른 사람과의 관계도 안정적으로 맺을 수 있다. 하지만 보호자와의 관계가 불안정했으면 아기는 세상을 두려운 곳으로 인식하며 다른 사람들과의 관계도 불안정하다. 그래서 보호자의 양육태도가 학생에게 큰 영향을 미친다. 학생이나 보호자 상담을 하면서 보호자의 잘못된 양육태도가 발견되어, 보호자 상담을 통해 수정해 나가면 학생이 긍정적으로 변하고, 정서가 안정되는 것을 자주 볼 수 있다. 때로는 보호자만 상담해도 학생에게 변화가 나타나는 것을 볼 수 있다. 그만큼 학생 상담에 있어서 보호자의 적극성과 양육태도가 큰 영향을 미치기 때문에 보호자와의 관계에도 정성을 기울인다.

상담을 받아야 될 학생이나 위기학생이 발견되었을 때 담임교사는 어떻게 해야 하나요?

학교에 위(Wee)클래스 상담실이 있다면 전문상담교사에게 상담을 의뢰하고, 학교 관리자에게 보고한다.

학교에 위(Wee)클래스 상담실이 없다면 학교 관리자에게 보고하고 교육지원청 위(Wee)센터나 청소년상담복지센터에 의뢰하면 된다.

단, 상담이나 기관 연계를 하기 전에 보호자 동의는 필수이다.

담임교사는 학급에서 정서적으로 어려움을 겪는 학생을 종종 발견한다. 상담을 받아야 하는 학생인지, 위기 사안에 속하는 학생인지 판단이 안 될 때는 먼저 상담실에 가서 전문상담교사와 학생에 관해 이야기를 나누면 된다. 전문상담교사가 담임교사의 관찰 내용을 들어 보고, 상황에 맞게 학교 상담실에서 상담을 시작해 보자는 견해 혹은 현재 위기 사안에 해당되는 학생이니 보호자에게 연락해서 정신건강의학과 진료나 외부 상담기관에 연계하자는 대안을 제시해 줄 수 있다. 이는 상담자의 상담 경험이나 교육부 관련 지침을 바탕으로 제시한다.

따라서 먼저 학교 전문상담교사에게 의뢰하는 것이 좋다고 생각한다.

만약 학교에 위(Wee)클래스 상담실이 없다면 소속 학교 교감선생님, 교장선생님께 보고를 드리고, 상담 관련 공문을 접수하는 상담 업무 담당교사나 생활부장, 인성부장 등에게 협조를 구하여 관련 정보를 제공받거나 지도 방안에 대해 함께 논의하는 것이 좋다. 학생이 무료로 상담과 심리검사 등의 지원을 받을 수 있는 기관은 교육지원청 위(Wee)센터, 청소년상담복지센터, 정신건강복지센터, 가족센터 등이 있다.

교육지원청 위(Wee)센터에 전화하여 의뢰 방법을 알아보거나 학생 상담을 의뢰하는 방법과 관련 서식이 모든 학교에 공문으로 발송되고 있으니 「에듀파인-문서등록대장」에서 찾아봐도 좋겠다. 매 학기 초 전문상담인력이 없는 학교를 대상으로 순회상담 신청 안내 공문이 발송된다. 순회상담은 지정된 일시에 학교로 전문상담인력이 방문하여 학생에게 상담을 지원한다.

청소년상담복지센터는 '1388전화'를 운영하고 있어 학생, 보호자, 교사 등 누구나 "1388"을 누르고 전화하면 해당 지역의 청소년상담복지센터로 연결되어 즉시 전화상담을 받을 수도 있고 개인상담 신청 방법을 안내받을 수 있다. 개인상담뿐만 아니라 학교폭력이나 생명존중과 관련된 「학교로 찾아가는 집단상담 프로그램」을 운영하고 있으니 활용하면 도움이 된다. 나는 청소년상담복지센터의 "청소년 동반자 프로그램"을 보호자에게 자주 안내하는 편이다. "청소년 동반자 프로그램"이란 상담이 필요하지만 청소년상담복지센터로 방문하지 못하는 청소년을 위해 상담자가 학생이 있는 곳, 소속 학교나 가정 근처로 방문하는 프로그램이다. 보호자가 없이 집과 멀리 떨어진 청소년상담복지센터로 방문하지 못하는 초등학생이나 청소년이 활용하기 좋다고 생각한다.

요즘은 정보가 활성화되어 있어서 보호자가 직접 지역의 맘카페나 또래 학생 보호자들에게 정보를 얻어 평이 좋거나 학생에게 맞는 정신건강의학과나 심리치료센터를 찾아가기도 한다.

초등학교는 규모가 큰 학교나 위기 사안이 자주 발생하는 학교를 위주로 전문상담교사를 배치하고 있는 것으로 알고 있다. 하지만 규모가 작은 학교에도 공격적이고 충동적인 학생, 우울과 불안을 겪고 있는 학생, 그 외 정신건강 위기 학생, 자해와 자살 생각이 있는 학생, 정신건강의학과 진료가 필요한 학생들이 분명히 있다. 이와 같은 정신건강 위기 사안이 발생했을 때 전문상담교사가 없는 학교에서는 구체적으로 어떻게 대응해야 할지 몰라서 어려움을 겪는다. 물론 자해나 자살 관련하여 심각한 사안일 경우 교육지원청 위(Wee)센터, 도교육청에 보고하면 지원을 받을 수 있다. 하지만 초등학교에는 ADHD, 우울, 불안, 선택적 함구증, 아스퍼거 등이 의심되고, 제대로 된 상담과 진단, 치료를 받지 못해 힘들어하는 학생이 있다. 이 학생은 다른 학생들에게 피해를 끼치고, 이 상황을 감당해야 하는 교사들을 무기력과 심리적 어려움에 빠지게 하는 복잡한 사안들이 존재한다. 이 학생들을 그대로 방치할 경우 자해와 자살 관련 및 그 외 정신건강과 관련된 질환으로 진행될 확률이 높다. 그래서 증상 초기에 상담하여 예방하는 것이 좋다. 그러나 규모가 작은 학교는 교사마다 해야 할 업무의 양이 많고 다양하기 때문에 상담전문인력이 없는 이상 학생 상담에 관심을 둘여건이 되지 않는다. 바쁜 학기 초에 발송되는 순회상담 신청 공문과 외부 상담기관 안내 공문에 주의를 기울이기 힘든 것이 현실이다. 모든 초등학교에는 감정을 가진 학생과 보호자, 교사가 존재한다. 조기에 개입할 수 있도록 초등학교 내부에서 심리적 어려움을 일차적으로 감당할 수 있는 교육환경이 조성되길 바란다. 특히 초등학생들은 보호자의 도움 없이 거주지와 먼 외부 상담기관이나 위(Wee)센터, 청소년 상담복지센터에 혼자서 가기 힘들다. 대부분의 보호자들 또한 직장에 근무하고 있어서 시간을 내어 초등학생을 매주 상담센터로 데리고 다니는 데 어려움이 있다. 보건교사와 영양교사가 점점 확대 배치된 것처럼 대부분의 초등학교에 전문상담교사를 배치하여 초등학생과 보호자가 상담과 적절한 대처를 받고, 교사들도 마음 편히 교육에 전념할 수 있는 토대가 마련되면 좋겠다.

보호자에게 학생 상담을 권유했을 때
"상담받아 봤는데 소용이 없다."라고 한다면
어떻게 설득해야 하나요?

> 짧게는 몇 달, 길게는 몇 년 동안 습관화해 온 심리적인 어려움과 문제행동을 단 기간의 상담으로 해결하지 못한다.
>
> 마음에 여유를 가지고 충분한 시간을 전문상담교사와 학생에게 주시면 어느 순간 변화된 학생을 보실 수 있을 것이다.
>
> 심리상담과 함께 안정된 가정환경, 양육태도의 긍정적인 변화, 필요한 경우 약물치료 등을 제공한다면 학생의 변화를 조금 더 빨리 볼 수 있다.
>
> 학교상담의 목적은 '예방'이니 교사의 권유를 믿고, 학생의 문제행동이 나타났을 때 조기에 개입하는 것이 좋다.

상담은 긴 호흡으로 가야 하는 과정

'우리 아이가 달라졌어요.'가 전국에 선풍적인 인기와 화제를 끌 때 나는 외부 심리치료센터에서 근무했었다. 유능하신 박사님이 심한 문제행동을 가진 아이를 만나서 개입하니 달라졌다는 이야기를 한 편의 방송으로 축약한 방송이었다. 물론 방송 이면에 많은 준비와 개입이 있었을 것이라 상담자들은 짐작하고 있었다. 하지만 심리치료센터에 찾아오는 보호자들은 한 번 혹은 짧은 상담으로 아이가 바뀔 거라 기대하고 오셔서 실망하고 가는 분들이 있으셨다. 그렇게 한 번, 혹은 단기적으로 상담을 받으셨던 분들이 상담받아도 효과가 없다고 생각하지 않으셨을까 싶다.

초등학교에서 상담을 처음 시작할 때 보호자나 담임교사께서 몇 번 상담을 보내고 "상담실에 보냈는데도 문제행동에 변화가 없다."는 말씀을 하셨다. 나는 학생을 대상으로 열심히 상담을 했는데, 내가 봐도 학생에게 변화가 없었다. 학교에서 전문상담교사로 근무하면서 '무기력'의 감정을 가장 많이 느꼈다. 학생에게 수학 공식을 가르치면, 그것을 이해하는 과정을 눈으로 확인할 수 있다. 하지만 심리는 눈에 보이지 않기에 학생을 상담해도 달라지지 않는다는 '자기 의심'과 일부 교사들의 '상담해 봤자 소용없다.'라는 말로 내면에서 수없이 싸웠다. 풀리지 않는 문제와 포기하지 않고 싸우면 결국 답을 얻게 되더라. 내가 상담하는 학생들은 일주일, 한 달이 지나도 변화가 없어 보인다. 하지만 지속적인 상담을 통해 마음에 영양제를 주는 과정을 켜켜이 쌓으면 한 학기, 일 년의 단위로 학생이 긍정적으로 변화하는 것이 보였다. 물론 학생이 변한 요인에는 학생의 나이에 따른 성장과 보호자와 담임교사의 교육도 영향을 미친다. 내가 상담목표로 삼았던 부분에서 긍정적인 변화가 나타난 경우에는 상담을 통해 켜켜이 쌓아 둔 마음의 영양제와 지속적인 격려, 지지도 영향을 주었다고 생각한다.

내가 망쳤던 상담들은 학생의 문제행동을 빨리 수정하겠다는 욕심에 학생을 내가 원하는 대로 끌고 갔던 상담이었다. 학생이 문제행동을 나타내는 원인과 심리적인 문제는 살펴보지 않은 채, 문제행동을 고치기 위해 학생에게 나타나는 현상만 다루었더니 오히려 학생의 마음이 닫혀서 그 상담은 오래가지 못했다. 그래서 상담은 꾸준하고, 주기적으로 실시하며, 상담과정 중에는 시간과 마음에 여유를 가지는 것이 필요하다. 학생에게 문제행동이 나타났다면 짧게는 몇 년, 길게는 십 년 가까이 습관처럼 형성된 행동이다. 이 문제행동이 교사의 생활지도로, 전문상담교사의 몇 번의 상담으로 바로 수정된다는 것은 알약 하나로 살이 다 빠지는 정도의 놀라운 일이 아닐까 싶다. 예를 들어 이 문제행동이 나타난 지 5년 정도 되었다면 이 문제행동을 고치는 데도 최소 1년에서 최대 3년 정도의 시간은 줘야 하지 않을까? 학생은 이 문제행동을 5년 동안 습관처럼 해 왔는데 몇 번의 상담 혹은 몇 달 안에 달라지기를 바라는 것은 가혹한 일 같다. 오랫동안 담배 피운 성인에게 "당장 금연하세요."라든가, 아동기부터 비만이었던 성인에게 "몇 달 안에 정상체중으로 감량하세요."와 같은 정도의 가혹함이라면 이해하는 데 도움이 되실 거라 생각한다.

학생의 심리적 문제와 문제행동을 수정하는 데 있어서 영향을 미치는 다양한 요인이 있다. 학생과 보호자의 상담에 대한 적극성, 심리적 문제와 문제행동의 심각성 정도, 감정 인식과 감정 표현의 능력, 인지기능의 정도, 가정환경의 변화 가능성 등에 따라 심리적 문제의 완화와 문제행동 개선의 정도는 다르다. 또한 주기적이고 지속적인 상담, 상담자와의 라포 형성 정도, 상담자의 전문성 등도 영향을 준다. 개선되는 데 한 학기에서 몇 년 정도 걸리는 것처럼 개인마다, 환경마다 소요되는 시간은 다르다. 정신건강의학과 진료가 필요한 경우, 약물치료를 병행하면서 상담을 하면 효과는 더 빠르기도 하다.

선생님들과 대화하면서 '담임교사가 하는 생활지도나 학교상담 또한 긴 시간을 통해 열매를 맺는 과정이구나.' 느낀 적이 있다. 어떤 선생님께서 문제행동의 발현이 다양하고 심각해서, 일 년 내내 열심히 생활지도와 학생 상담을 하며 고생했던 학년이 있었는데 2년이 지나니까 학생들의 행동이 좋아져서 정말 놀랐다고 하셨다. "그건 선생님께서 일 년 동안 씨를 뿌리셨기 때문에 다음 학년에서 열매를 거둔 것 같아요."라고 말씀드렸다. 어떤 선생님은 심각한 문제행동을 보이는 학생과 보호자에게 정신건강의학과 진료를 권유해서 약물치료를 받았는데, 몇 년이 지나 그 학생을 만났더니 정상적으로 행동하는 모습에 '그때 나의 판단이 잘못되었었나? 치료를 받지 않았어도 정상적으로 자랐을 학생이었나?'라는 생각이 든다고 하셨다. "그건 다 선생님께서 보호자와 학생을 상담하면서 치료를 받게 했기 때문에 몇 년 뒤에 좋아진 모습을 볼 수 있었다고 생각해요. 선생님이 그때 그렇게 권유하지 않았다면 학생의 현재는 다를 수 있어요."라고 말씀드린 적이 있다. 이렇게 선생님들께 말씀드릴 수 있는 것은 나 또한 매년 겪고 있는 과정이기 때문이다.

상담을 시작할 때 '상담 구조화'를 한다. '상담 구조화'는 상담자와 내담자 사이에 상담에 대한 약속을 하는 것이다. 상담은 무슨 요일, 몇 시에 어디서 하는지, 상담은 몇 분 동안 하는지, 몇 회기 동안 하는지 정한다. 만약 "상담에 못 올 상황이 생기면 적어도 상담 하루 전에는 어떤 방법으로 연락을 하자."라는 내용과 비밀보장을 어떻게 하는지에 대해서도 약속을 한다. 이 '상담 구조화'가 단단하고 구체적으로 잘 되어야 상담 진행하는 데 서로 애매하거나 불편한 상황을 겪지 않는다. 약속한 대로 하면 되니까. 상담에 대한 불안감은 낮추고, 책임감은 높이는 효과가 있다.

단순한 대인관계 갈등과 문제해결을 위한 몇 회기의 단기상담을 진행할 수도 있다. 내면의 정서적 어려움이 만성적으로 진행되었거나 문제행동을 스스로 조절하지 못하고 일상생활을 유지하기 힘든 상황이라면 장기적인 상담이 필요하다. 이런 경우에 나는 '상담 구조화'할 때 학생과 보호자에게 상담을 한 학기나 일 년 단위로 길게 보고 시작하자고 설득한다. 상담하는 동안 무슨 요일 몇 교시 혹은 무슨 요일 방과 후에 상담을 하기로 약속하고 매주 같은 시간에 상담한다. 이렇게 주기적이고 매주 같은 시간에 진행하는 것은 상담 운영과 상담관계 안정성에도 도움을 준다고 생각한다. 한 학기의 마지막 상담 시간에는 학생과 한 학기 동안 상담한 내용을 정리하면서 어떤 점이 좋아졌는지 확인하고, 다음 학기 상담에서는 어떤 부분에 더 집중할지 서로의 의견을 나눈다. 이 내용을 보호자나 담임교사에게 전달하기도 한다. 특히, 심리적 어려움의 내면화가 오래 진행되었고, 심각한 문제행동이 계속 나타나는 학생들은 몇 년 동안 보호자의 동의하에 계속 상담을 진행하고 있다. 자해와 자살 생각, 타인에 대한 공격 성향이 강했던 학생이 3년 동안 상담하면서 완화된 적이 있고, ADHD로 약물치료를 받고 있는 학생이 약물로 수정하지 못했던 문제행동을 2년 동안 상담하면서 문제행동이 수정됐던 상황을 경험한 적도 있다. 이는 지속적이고 주기적인 상담의 힘이라고 생각한다.

학생의 변화를 위해서는 좋은 환경도 중요하다

학생의 문제행동이 완화되고, 내면화된 심리적 어려움이 해결되려면 상담 외에 여러 가지 요인이 뒷받침되어야 한다. 학생에게 가장 큰 영향을 줄 수 있는 것은 보호자의 양육태도라고 생각하며, 그 외에도 가정환경, 교우관계 등이 영향을 줄 수 있다.

외국인 학생이 교실이나 집에서 실제로 존재하지 않는 사람이 보이고, 그 사람과 친구처럼 대화를 나눈다고 상담시간에 말했다. 그 외 호소한 다른 심리적 문제도 있었다. 고학년이라 정신건강과 관련된 질병의 초기증상으로 의심하기도 했지만, 한국에 온 지 얼마 안 돼서 최근에 환경이 크게 변했고, 아직 아이라 현실과 환상이 구분되지 않을 수 있다는 등의 여러 가설을 생각하였다. 하지만 이 상태를 진단하는 부분은 내 영역이 아니라 판단했고, 정신건강의학과 의사에게 진료를 받아야 된다고 사료되었다. 여러 회기의 상담을 통해 학생에 대한 구체적인 증상을 가지고 보호자와 대면상담을 여러 번 진행하면서 병원 진료를 권유하였다. 보호자께서 "원래 살던 나라에서는 이런 경우(신들림을 뜻함)가 있기도 하다."라며 병원 진료를 거부하셨다. 최선을 다해 병원 진료를 권유했지만 보호자가 거부했기에 내가 할 수 있는 일은 '이 학생과 보호자를 지속적으로 상담하는 것'이란 생각이 들었다. 그 학생과의 상담이 1년 이상 지속된 어느 날 그 학생이 다른 집으로 이사를 했다. 그 전엔 어머니, 새아버지, 학생 이렇게 3명이 원룸에서 살았는데 이사하면서 자기 방이 생겼다고 좋아했다. 그 이후로 몇 달 뒤 학생은 보이던 그 사람이 안 보인다고 말했다. 학생은 사춘기가 시작되는 시기에 보호자와 원룸에서 같이 지내야 했고 자기 방이 없어서 혼자만의 시간을 가질 수 없었다. 지속적으로 상담을 하였고, 가정에서는 환경을 바꿔 주니 학생에게 긍정적인 변화가 생겼다고 생각한다. 이처럼 학생을 둘러싸고 있는 환경과 사람이 변해야 학생도 변할 수 있다.

학교상담의 목적은 '예방'이니 교사들을 믿어 주세요

상담을 권유할 때 이런 말씀을 하시는 보호자들이 있다. "제가 아는 사람 중에 상담을 공부한 사람이 있어서 물어봤더니, 제가 아는 사람이 교육심리학을 공부해서 물어봤더니, 우리 애는 괜찮다고 합니다. 그래서 상담을 받지 않겠습니다."

보호자들이 꼭 알아주셨으면 하는 부분이 있다. 연령이 같은 또래 학생들이 함께 생활하는 환경인 교실에서, 학생을 가장 오랫동안 자세하게 관찰하고 또래집단의 수준과 비교할 수 있는 사람은 담임교사이다. 가정이라는 익숙한 환경에서 편한 가족 구성원들과 있을 때 '내 아이가 반응'하는 모습과 교실이라는 공간에서 서로 다양한 자극을 주고받을 때 또래 학생들 속에 '내 아이가 반응'하는 모습은 생각보다 많이 다를 수 있다. 그리고 이 모습은 학교 선생님들이 가장 잘 관찰하고 파악할 수 있다고 생각한다. 학교에서의 모습은 직접 관찰하지 않고, 보호자의 말씀으로만 전해 듣거나 학생을 단기간에 만난, 상담을 공부하신 분(어느 정도로 공부했고, 얼마만큼의 상담 경험이 있는지 모르겠지만)이 학생 내면의 심리적 어려움과 또래관계에서 나타나는 행동까지 평가할 수 있을지 의문이다. 그리고 친한 지인의 자녀를 객관적으로 평가하여 솔직하게 말할 수 있는지도 생각해 볼 부분이다. 그래서 학교 선생님을 학생의 학습지도뿐 아니라 정서적·행동적인 측면에서도 파트너로 생각해 주시고 학교 선생님의 이야기에 신뢰를 가져 주시면 좋겠다.

상담과 치료를 권유 드릴 때 하는 교사들의 숙고

담임교사 혹은 전문상담교사가 "이 학생에게 상담 혹은 정신건강의학과 진료가 필요합니다."[20]라고 권유할 때는 보호자에게 '말을 할까? 말까? 해도 될까? 하지 말아야 할까?'를 수십 번, 수백 번 고민하고 '내 자녀라면 선생님께서 나에게 어떻게 해 주는 게 좋을까?'라는 생각도 하며 숙고해서 말씀드리는 것이다. 교사가 자기 편하자고 학생에게 약을 먹여서 문제행동을 잠재우려고 하는 것이 아니라, 학생의 존재와 미래가 걱정되어 조심스럽게 큰마음 먹고 용기 내어 말씀드리는 것이다. "전년도 담임교사나 전전년도 담임교사 혹은 유치원 때 선생님은 그런 말씀 안 하셨는데요."라고 말씀하는 분들이 있다. 전년도 담임교사나 전전년도 담임교사, 유치원 선생님은 수십 번, 수백 번 고민하다가 보호자와의 관계가 나빠질까 봐 말씀을 못 드렸거나 보호자의 마음이 상하지 않게 둘러서 간접적으로 말씀을 드렸는데 보호자께서 심각성을 알아차리지 못했을 수도 있다.

학생의 문제행동은 어느 한 해에 갑자기 짜잔 하고 등장하지 않는다. 전조증상과 문제행동의 초기 증상이 분명히 있었을 것이다. 초기 증상이 나타났을 때 조기에 개입하면, 문제행동이 습관으로 고착화되는 것을 막을 수 있고 단기간에 문제행동을 수정할 수도 있다. 조기에 개입하면 나중에 고착화된 문제행동을 고치기 위해 몇 년 동안 상담하고 병원 진료 다니면서 고생하지 않아도 된다. 그런데 "저 정도로 뭘.

---

20) 「교원의 학생생활지도에 관한 고시」 제9조 3항에 따르면 학교의 장과 교원은 학생의 문제 개선을 위하여 전문가의 검사·상담·치료를 보호자에게 권고할 수 있다. 출처: 국가법령정보센터

별거 아닌데."라고 넘어가거나 "나이 들면 좀 낫겠지."라는 생각이 심각한 문제행동을 만들기도 한다. 물론 저절로 좋아지는 학생도 있고, 나이 들어 좋아지는 학생도 있다. 하지만 저절로 완화되지 않고 임상적인 범위로 더 심각해지고, 또 다른 양상의 문제행동으로 나타나는 상황도 있다. 학생의 문제행동이 발견되었다면, 조기에 상담하면서 문제행동을 수정하고 다른 문제행동을 예방하는 것을 추천한다. 다시 한 번 강조하자면, 학교상담의 목적은 '예방'에 있다.

상담받고 있는 학생에게 보호자나 담임교사가 상담 내용을 물어봐도 될까요?

> 보호자나 담임교사께서 학생에게 상담 내용을 먼저 물어보지 않는 것이 좋다고 생각한다. 학생이 불안과 부담을 느낄 수 있다.
> 학생이 상담 내용에 대해 먼저 이야기한다면, 끝까지 들어 주고 공감하되, 안타까운 마음에서 하는 충고나 잔소리는 하지 않는 것이 좋겠다.
> 대신 상담에 꾸준히 가고 있는 학생의 노력에 지지와 격려를 아낌없이 해 주고 항상 응원하고 있다는 마음을 전해 주면 학생에게 큰 힘이 된다.

　자신의 학생에게 누구보다 진심인 선생님이 물었다. "우리 반에 위(Wee)클래스 상담 가는 학생이 있는데 내가 아는 척을 하거나 한번 물어봐야 하나? 학생들은 내가 관심을 가지고 물어보는 것을 좋아할까?" 나는 전문상담교사의 역할을 하니 담임교사의 입장을 잘 모르는데 이 선생님을 통해 담임교사의 입장에서 생각해 볼 수 있는 기회를 가진다. 나는 저런 생각을 한 번도 해 볼 기회가 없었기 때문이다.

　학생 상담을 처음 시작할 때 보호자께 특별히 부탁드리는 것이 있다. "오늘 학교 상담실에서 무슨 이야기를 했는지, 어떤 내용으로 상담을 했는지 물어보지 말아 주세요."라고 말씀드린다. 즉, 어떤 내용으로 상담했는지 아무리 궁금해도 꼬치꼬치 물어보지 말라는 뜻이다. 상담받는 학생들은 각자의 사정과 이유로 방문했고, 마음 깊숙이 불안이 깔려 있다. 그런데 상담받는 날마다 무슨 상담을 했는지 물어본다면 불안하고 성가신 마음이 들고 부담을 가질 수 있다. 또한 학생은 전문 상담교사와 상담 내용을 비밀로 하기로 약속하고 자신의 마음을 솔직하게 개방했는데, 본인이 상담하는 내용이 보호자에게 전달될까 봐 상담할 때 소극적이며 방어적인 태도로 임할 수도 있다.

가끔 학생이 먼저 "오늘은 이런 상담을 했어. 상담실에서 이런 일이 있었어."라고 보호자에게 마음을 열고 말하는 경우도 있다. 이때 보호자가 충분히 듣고 공감하는 것이 학생에게 큰 격려와 지지가 된다. 중요한 것은 들으면서 학생의 말을 끊거나 평가와 조언을 빙자한 잔소리를 해서는 안 된다. 자신의 감정을 수용 받지 못하고, 간섭당하는 기분이 든 학생은 실망하여 상담에 대한 의지가 상실될 수도 있다. 극단적으로는 '내가 상담받아서 뭐해. 보호자가 저러는데.' 생각하며 포기할 수도 있다.

담임선생님도 보호자의 경우와 마찬가지라고 생각된다. 학생이 담임선생님께 가서 "선생님 저 상담실에서 이런 상담을 하고 있고, 저의 마음은 이러해요."라고 먼저 말을 한다면 담임선생님께서 충분히 경청하고 격려와 지지를 해 주는 것이 학생에게 큰 힘이 될 것이다. 하지만 일부러 학생을 불러서 상담하는 내용을 물어본다면 학생이 부담스러워할 것 같다. 대신 학생과 일대일로 있을 수 있는 기회가 생겼을 때 "다른 학생들이 있어서 선생님이 매번 너에게 표현하지 못하지만 나는 너를 지켜보며 항상 응원하고 있다. 선생님의 도움이 필요하면 언제든지 말해 줘. 선생님이 기다리고 있을게"라는 마음을 언어로 표현해 주시면 학생은 '나에게도 관심을 가지고 지켜봐 주는 어른이 있구나.'라는 든든함에 자신감을 가지게 될 것이다.

학생과 상담을 시작할 때 상담 내용을 비밀로 하겠다는 약속을 한다. 전문상담교사와 학생이 하는 상담 내용은 비밀이되, 비밀보장이 제외되는 상황이 있음을 고지한다. 자해나 자살 생각을 가지고 있거나 다른 사람을 해칠 위험이 있을 때, 학교폭력·아동학대·가정폭력이나 전염병 혹은 심각한 질병에 걸렸을 경우에는 너의 안전을 보호하기 위해 비밀을 보장할 수 없고 담임교사나 보호자에게 알릴 수 있음을 설명한다.

'혹시 상담선생님이 나 몰래 보호자나 담임선생님과 전화로 상담 내용을 이야기하는 건 아닐까?' 하고 의심하고 전문상담교사에게 직접 물어보는 경우가 있다. 학생과 신뢰감 있고 안정된 상담 관계를 만들기 위해서 상담을 시작할 때 "우리의 상담 내용은 비밀이야. 나는 상담 내용을 보호자나 담임선생님께도 말씀드리지 않을 거야. 그런데 상담 내용 중에 보호자나 담임선생님께서 아서서 너에게 도움이 될 부분이 있으면 너에게 먼저 '이 부분을 보호자나 담임선생님께 말씀드려도 되니?'라고 물어볼 거야. 네가 허락하면 말씀드릴 거고, 허락하지 않으면 말씀드리지 않을 거야. 그리고 비밀보장에서 제외되는 내용도 보호자나 선생님에게 말씀드릴 때 너에게 말할 거야. 왜냐하면 선생님은 너와의 관계를 가장 중요하다고 생각하기 때문이야.'라고 진심으로 말한다. 예전에는 학생과 그렇게 약속해 놓고 보호자나 담임선생님에게 상담 내용을 전달하면서 "내담자 학생에게는 비밀로 해 주세요."라고 부탁하곤 했다. 그렇게 하니 학생 앞에서 내가 정직하지 못하다는 생각에 양심이 찔렸다. 그래서 이제는 학생과의 약속을 꼭 지키려고 노력하고 있다.

보호자와의 상담은 학생과 전문상담교사의 상담 내용을 전달하는 자리가 아니다. 학생 혼자만 상담한다고 변하지 않기 때문에 학생에게 큰 영향을 미치는 보호자의 정신건강 및 양육태도와 가정환경을 개선하기 위한 상담을 해야 한다. 가끔 보호자나 담임선생님께서 상담이 어떻게 진행되고 있는지 궁금해하실 때가 있다. 학생의 상태를 파악하여 가정이나 학급에서 학생을 어떻게 대하면 될지 참고하기 위한 것임을 알고 있다. 그래서 상담하는 중에 중요한 내용이 있으면 학생에게 "오늘 상담한 내용 중에 이 부분을 보호자나 선생님에게 말씀드려도 될까?"라고 물어본다. 학생이 허락한다면, 보호자나 담임선생님에게 필요한 내용을 공유하면서 협력하려고 노력하고 있다. 이런 방향으로 상담하고 있으니 교실과 가정에서도 이런 태도로 임해 주십사 부탁 드리기도 한다. 학교 상담실에서의 상담은 전문상담교사 혼자만의 노력이 아닌 보호자와 담임교사가 협력하여 돕는다면 학생의 변화를 촉진시킬 수 있다.

나는 학생과의 개인상담이 끝나면 상담실 문 앞까지 배웅을 나간다. 한번은 상담을 끝나고 복도를 걸어 나가는 학생의 뒷모습을 끝까지 본 적이 있다. 그 학생이 복도가 끝나는 지점에서 상담실 쪽으로 한번 뒤돌아보는 것이다. 눈이 마주쳐서 손을 흔들어 인사했는데 말이 없고 외로운 학생이라 내 마음이 찡했다. 그다음부터 모든 학생의 개인상담이 끝나면 상담실 문 앞에서 배웅을 하고, 복도를 걸어 나가는 학생의 뒷모습을 끝까지 지켜본다. 복도가 끝날 때 학생을 한 번 더 불러서 손을 힘차게 흔든다. 여러 번 경험한 학생들은 이제 내가 부르지 않아도 복도 끝에서 뒤돌아 나에게 손을 흔들거나 목례를 한다. '네가 나를 보지 않을 때도 나는 너를 지켜보며 응원하고 있어. 너의 뒷모습도, 너의 어두운 마음도 나에게는 의미가 있어.'라는 마음이 전해지길 바라며.

5

약물치료를 받는 학생이 있다면
담임교사는 어떤 역할을 할 수 있을까요?

> 약물치료를 시작한 후 학생의 변화 여부는 가정에서 보호자가, 교실에서는
> 담임교사가 확인할 수 있다. 보호자와 담임교사가 긴밀하게 연락하여 학생
> 의 변화 상태를 확인하고, 이를 의사에게 알린다면, 의사가 학생에게 맞는
> 약물을 처방하는 데 도움이 된다.

초등학교에도 ADHD나 우울·불안, 선택적 함구증, 틱장애 등으로
약물치료를 받고 있는 학생들이 있다. 약물치료를 시작할 때, 약물을
복용하기 전과 후를 비교하여 학생의 상태에 어떤 변화가 있는지 확인
하는 것이 필요하다. 가정에서 보호자가 확인할 수 있는 부분도 있지
만, 아침에 약을 복용하는 학생이라면 교실에서 학생의 상태를 확연하
게 관찰할 수 있다. 약물 복용 후에 수업 시간 중의 수면, 말수와 신체
활동, 감정의 변화, 점심시간 급식 섭취 등의 영역에서 변화가 있는지
확인할 필요가 있다. 그 변화는 개인마다 달라서 긍정적인 혹은 부정
적인 변화가 나타날 수도 있고 없을 수도 있다. 그 상황을 학교에서 가

장 잘 관찰 할 수 있는 사람은 담임교사이다. 그래서 학생이 약물 복용을 시작하게 되면 담임교사에게 알려서 협조를 받도록 보호자에게 권유 드린다. 담임교사는 학생의 변화 내용을 보호자에게 알리고, 보호자는 병원에 방문했을 때 가정과 교실에서 관찰한 학생의 변화를 의사에게 구체적으로 말한다. 이렇게 하면 의사가 약물을 처방할 때 약물을 더 늘려야 하는지, 줄여야 하는지 혹은 다른 약물로 바꿔야 하는지 판단하는 데 큰 도움이 된다. 정신건강의학과 진료는 학생에게 맞는 약물을 처방받도록 조절하는 과정이 중요하기 때문이다.

우리 어른들도 가끔 약 복용을 깜빡 잊을 때가 있는 것처럼 학생도 아침에 약을 먹지 않고 등교할 때가 있다. 그런데 ADHD 학생의 경우에는 하루 이틀만 약을 먹지 않아도 학교에서 문제행동이 바로 나타나기도 한다. 그래서 약을 먹지 않고 등교했을 때를 대비해서 보호자와 담임교사가 상의하여 가방에 비상약 하나를 넣어둔다면 학교 보건실에서라도 먹게 할 수 있다.

보호자가 학생의 약물치료를 원치 않을 때도 있다. 사실 훨씬 많다. 아직 어린 자녀가 정신건강의학과에서 처방받는 약물을 먹는 것을 보호자의 입장에서 받아들이기 힘드실 거라 생각한다. 하지만 심리적 문제와 문제행동이 점점 심해지고, 이로 인해 다른 학생들과 갈등이 자주 일어나거나 등교 거부, 자살 생각 등 다른 문제로 번지게 되니 보호자는 오랫동안 깊게 생각한 끝에 약물치료를 시작한다. 간혹 담당 의사와 상의하지 않고 임의로 주말이나 방학 때 약물을 먹이지 않는 경우를 종종 본다. 보호자의 입장에서 마음이 안쓰러우니 학교에 가지 않는 날이라도 약물을 먹이지 않는 것이다. 보호자의 그런 마음은 이해하나, 이는 학생의 상태를 더 악화시킬 수도 있고, 호전되는 과정을 막을 수도 있다. 그래서 약물 복용에 관한 것은 꼭 의사의 지도에 따르시길 권유 드린다. 담임교사는 학생의 문제행동이 다시 나타날 경우에는 병원 진료를 잘 받고 있는지, 병원에서 처방받은 약물은 지속적으로 먹고 있는지 보호자에게 확인할 필요도 있다. 진료를 불규칙하게 받고 있다면 학생에게 더 부정적인 영향이 있을 수 있기 때문에 보호자에게 지속적인 치료에 대한 필요성을 재차 설명할 필요가 있다.

6

담임교사와 협력해서 ADHD로 진단받은
학생을 상담했더니 이렇게 좋아졌어요.

담임교사와 보호자, 전문상담교사의 협력을 통해 가정과 교실에서 나타나는 학생의 정서·행동 상황을 파악하여 상담목표와 개입방법에 반영하면 문제행동 완화에 효과를 볼 수 있다.
ADHD로 진단받은 학생의 경우 중요한 상담 내용을 작은 노트에 적고, 휴대하고 다니면서 자주 보고, 반복하여 연습할 수 있도록 한다.

정신건강의학과에서 ADHD(주의력결핍 과잉행동장애)로 진단받고 약물치료를 시작하고 나서 행동의 변화가 빠른 학생이 있다. 학생의 문제행동이 심각할 때를 기준으로 봐서 그런지, 약물치료 초기에 긍정적인 행동으로 빠르게 변화되는 상황이 신비하다는 생각이 든다. 그런데 약물치료를 시작한지 오래되면 '왜 문제행동은 그대로인지, 약물이 효과가 있는지.'에 대해 보호자와 담임교사, 전문상담교사가 고민할 때가 있다. 이때는 일반학생의 행동을 기준으로 ADHD로 진단받은 학생의 행동을 보기 때문에 기대치가 높아져서 그런 게 아닌가 싶다.

ADHD로 진단받고 2년째 약물치료를 받고 있는 학생이 있었다. 약물치료 전에는 학급의 수업 진행이 안 될 정도로 공격적이고 충동적인 행동을 거의 매일 보였지만, 약물치료를 시작한 후에는 공격적인 행동의 강도와 빈도가 다소 완화되었고, 교우관계 갈등으로 인한 다툼은 일주일에 2~3번 정도로 나타났다. 그런데 약물 복용을 한 지 2년 정도 지나자, 보호자와 담임교사, 전문상담교사의 기대가 높아져서 일반학생을 기준으로 학생을 바라보니 '약물치료의 효과가 나타나고 있나?'라는 생각을 하게 되었다. 하나의 문제행동이 심각하다고 여겨 의사에게 말해서 약을 교체하면, 또 다른 문제행동이 나타났다. 그러면 의사에게 다시 말해서 원래 약으로 돌아가는 과정을 반복했다. 이 과정을 한 학기 정도 지켜보며 '약물치료가 ADHD를 치료하는 데 가장 큰 효과가 있지만, ADHD의 문제행동을 약물치료에만 의지해서는 안 되겠다. 우리는 ADHD로 인해 지속되는 문제행동을 약물치료로만 바꿀 수 있다고 생각했다. 지속되는 문제행동의 원인을 약이 잘 맞지 않는 것으로 돌리는 것이 우리에게 가장 쉬워서, 약물에 너무 의지했다. 하지만 우리가 학생에게 할 수 있는 것은 약물만이 전부는 아니다.'라고 생각하게 되었다. 이 생각을 보호자와 담임교사에게 공유하고 인지행동치료를 제안하였다. "학생의 문제행동을 약물치료로 완화시킬 수 있지만 모든 문제행동을 약물로만 고칠 수는 없는 것 같습니다. 학생에게 자신의 문제행동이 나타날 때 생각-감정-행동의 연결 관계를 깨닫게 하고, 자신의 비합리적인 생각을 합리적인 생각으로 바꾸어 감정과 행동이 긍정적인 방향으로 변할 수 있도록 상담하겠습니다."라고 말씀 드렸고 동의해 주셨다.

상담 현장에서 느낀 경험으로는 ADHD는 약물치료가 가장 효과적이지만 상담이 병행되어야 더 큰 효과를 볼 수 있다(다른 정신건강과 관련된 질병에도 적용된다). 약물치료를 하고 있는 학생 중에 부작용이 없는 경우도 있지만, 부작용이 있어도 약물치료를 계속할 수밖에 없는 경우도 있다. 자녀에게 관심이 없거나 덜 사랑해서 약의 부작용도 감수하는 것은 아니다. 약물 치료할 때 부작용보다 문제행동이 완화됨으로 인해 얻는 효과가 더 크기 때문이다. 약물치료를 권유할 때 흔히 듣는 말이 있다. "약을 얼마 동안 먹어야 합니까? 평생 약을 먹고 살 수는 없지 않습니까?" 그래서 약물치료와 상담을 병행해야 한다. 학생이 ADHD 약물치료를 하면서 동시에 인지행동치료를 통해 문제행동을 수정하고, 스스로 조절할 수 있도록 반복해서 연습해야 한다. 원만한 교우관계를 맺을 수 있도록 사회적 기술을 훈련받아야 한다. 또한 ADHD 증세로 인한 문제행동으로 부정적인 피드백과 지적을 받으면서 낮아진 자아존중감과 교우관계 갈등으로 인한 심리적 문제를 해결하기 위해 심리치료를 받아야 한다고 생각한다. 상담을 통해 형성한 '자신의 생각과 감정, 행동을 조절하고 지킬 수 있는 힘'은 의사의 판단 아래 약을 줄이거나 단약했을 때 믿을 만한 방패가 되어줄 것이다.

의사의 처방에 따라 꾸준히 ADHD 약물치료를 하면서 상담을 받지 않은 학생이 있었다. 학교 상담실에서 상담을 주 1회 하기로 보호자와 담임교사, 학생과 약속을 하고 상담계획을 세우고자 하니 내가 고민이 되었다. 이 학생은 우울하고 불안한 감정을 많이 호소하여 심리치료가 필요한 학생이었다. 그리고 교실에서 교우관계 갈등으로 인한 문제행동이 약물로 수정이 되지 않아 인지행동치료도 필요했다. 상담의 초점을 심리치료로 잡아야 할지, 인지행동치료로 잡아야 할지 고민이 되었다. 내담자에게 개입하는 상담이론이 다르면 상담자의 태도나 상담기법도 달라지기 때문에 심리치료와 인지행동치료를 한 상담자가 동시에 진행하면 학생에게 혼란을 주고 효과도 낮을 것이라 생각했다. 학교 상담실에서 인지행동치료를 하고, 심리치료를 외부 상담기관에서 하도록 보호자에게 권유 드렸더니 학생을 데리고 다닐 수 있는 여건이 안 된다고 하셨다. 그렇다면 현재 시급한 부분부터 개입해야 했다. 교실에서 계속 나타나는 문제행동이 안타깝지만, 우울과 불안에 대한 호소가 심해서 먼저 심리치료에 초점을 두어 상담을 진행하기로 결정했고, 이 결정 과정을 보호자와 담임교사에게도 설명드렸다. 이는 상담의 목표와 초점을 알아야 가정과 교실에서 학생을 대할 때 고려하실 수 있고, '상담을 받는데 학생의 문제행동은 왜 나아지지 않을까.'라고 생각하실 수도 있기 때문이다.

학생의 정서가 안정된 후에는 인지행동치료를 시작했다. 특히 이 학생은 비합리적인 생각 때문에 교우관계에 오해가 생겨서 부정적인 감정을 느끼고, 부정적인 감정이 공격적인 행동으로 발현되는 학생이었다. 따라서 합리적 정서행동치료 이론을 바탕으로 학생의 비합리적인 생각을 논박하여 합리적 생각으로 바꾸니 학생의 행동과 감정도 긍정적으로 변화하기 시작했다. 그런데 학업성취도가 높은 학생이었지만 주의집중이 어렵고 상담한 내용을 잘 잊어버리는 경우가 있어서 실제 생활에서는 문제행동의 변화가 미약했다. 그래서 학생이 시각적으로 집중할 수 있게 8절지에 상담 과정을 색깔별로 구분하여 적으면서 설명했다. 학생이 들고 다니기 쉬운 작은 노트를 마련하여 상담의 중요한 내용은 노트에 스스로 적고 매일 1번씩 읽기로 했다.

"내 감정은 내가 선택할 수 있다. 그 상황에서 울지, 안 울지도 내가 선택할 수 있다."

"내가 모든 게임에서 이길 수 없다. 모든 사람은 게임에서 이길 때도 있고, 질 때도 있다."

위의 내용처럼 학생이 가진 '비합리적인 생각을 논박하여 합리적인 생각으로 바꾸는 과정'을 다음 상담시간에도 계속 반복해서 연습했다. 학생의 비합리적인 생각이 합리적인 생각으로 바뀌었다 싶으면, 관련된 문제행동 한 가지를 수정하는 것으로 목표를 삼았다. 이때 목표는 학생이 실현 가능한 수준이여야 하며, 여러 가지가 아닌 한 가지를 목표로 삼아야 학생이 수행하여 성취할 수 있는 경험을 높일 수 있다. 수첩에 한 가지 목표 행동을 적고 표로 만들어 학생이 성공했는지 담임교사가 관찰하여 체크해 주기로 했다. 예를 들어 "게임할 때 울지 않기"가 목표 행동이라면 성공했을 때 담임교사가 O로 표시해 주기로 했고, 성공하지 못했다면 빈칸으로 두기로 했다. 처음에는 학생에게 목표 행동을 수행했는지 스스로 체크하도록 했는데, 잊을 때가 많아서 제대로 확인되지 않았다. 그래서 담임교사에게 부탁드렸고, 흔쾌히 그리고 열심히 체크해 주셨다. 또한 담임교사와 전문상담교사가 매일 만나서 상의할 수 있는 시간적 여유는 없기에 메신저 쪽지를 통해서 학생의 상황을 즉시 서로에게 전달하기로 협의했고, 상담실에서의 상담 방향과 교실에서의 생활지도의 방향을 일치시킬 수 있도록 노력했다. 담임교사는 학생의 문제행동이 발생하는 날에 나에게 메신저 쪽지를 보내 주셔서 상담에 반영할 수 있도록 해 주셨다. 나 또한 상담 후에 담임교사에게 메신저 쪽지를 보내서 어떤 목표로 상담을 하였고, 이 개입방법이 학생의 문제행동에 어떤 영향을 주고 있는지 설명했다.

목표 행동에 가까워질수록 학생은 담임교사와 전문상담교사에게 칭찬과 격려를 받는 것도 좋아했지만, 노트에 적힌 표에 O표시가 많아지니 내재적 동기가 향상되어 문제행동을 하지 않으려고 스스로 노력했다. 성공 결과에 대해 칭찬하기보다 「학생이 울지 않는 행동을 '선택'한 것, 울지 않으려고 '노력'한 것」에 대해 칭찬했다. 가끔 문제행동이 다시 증가해도 지난날에 학생이 목표 행동을 성공한 기록이 적힌 수첩을 보여 주며 "이때 네가 '노력'하니 할 수 있었던 것 기억하지? 원래 너에게는 목표 행동을 할 수 있는 능력이 있어. 네가 '선택'하고 '노력'하면 목표 행동을 할 수 있어."라고 용기를 북돋아 주었다. 그러면 학생은 좌절과 포기하지 않고, 「나는 '선택'하고 '노력'하면 할 수 있다.」에 초점을 두고 다시 목표 행동을 수행하기 위한 '선택'과 '노력'을 하였다. 이렇게 담임교사와 협력하여 학생을 긍정적으로 변화시킨 경험이 다른 학생을 상담할 때도 나에게 좋은 거름이 되었다.

7

교사가 심리검사를 복사해서
쓰는 것은 괜찮나요?

심리검사는 검사자가 심리검사를 실시하는 목적과 유의사항을 설명하고, 검사대상자가 응답하고, 심리검사 결과 도출, 심리검사 결과를 검사대상자와 보호자에게 해석해 주는 전 과정을 말한다.

심리검사는 관련 교육을 받아 자격을 가진 사람이 실시할 수 있다.

심리검사는 실시 목적과 도출하고자 하는 내용이 명확할 때 올바른 방법으로, 안정된 환경에서 실시하는 것이 좋다.

    상담자의 윤리 중에 '심리검사를 실시할 때는 관련 심리검사에 대한 교육을 받아 자격을 가진 사람이 실시할 수 있다.'라는 내용이 있다. 전문상담교사도 마찬가지다. 사용하고자 하는 심리검사와 관련된 기관에 가서 전문가 교육을 받고 실시해야 한다.

    나는 전문상담교사지만 심리검사를 많이 사용하는 편은 아니다. 여느 상담자와 다름없이 많은 시간과 돈을 들여 심리검사 실시 자격을 취득하였고, 미술치료 석사학위를 받아 미술치료사로 근무한 경력도 있지만 내가 상담하는 모든 학생과 보호자에게 심리검사와 그림검사를 실시하지 않는다. 심리검사와 그림검사가 필요하다고 판단되는 학생과 보호자에게만 실시한다. 판단하는 기준은 상담자마다 다르겠지만 나 같은 경우에는 상담 초기에 이 학생의 호소문제와 심리적인 문제가 심각하다고 사료되는 경우, 혹은 심리적인 문제의 심각성 정도를 파악해야 하는 경우, 자신의 문제상황이나 심리적 어려움을 언어로 표현하지 못하거나 표현하지 않는 경우에 실시하는 편이다. 다시 말하면, 심리검사를 통해 도출하고자 하는 목표와 내용이 명확할 때 실시하고자 한다. 라포 형성이 중요한 상담 초기에 목표 없는 심리검사를 실시하면서 시간을 보내는 것보다 내담자와의 라포 형성에 정성을 들이는 것이 좋다고 생각하는 편이다.

상담 의뢰된 학생의 호소문제가 심각했고 심리적인 문제가 어린 시절부터 진행되어 온 만성적인 경우라고 사료되어 문장완성검사(SCT)를 실시하려고 했다. 학생에게 문장완성검사(SCT)를 실시하는 이유와 문장완성검사(SCT)를 할 때 주의사항에 대해 설명하는데 "선생님 이거 교실에서 해 봤는데요."라고 말했다. 상황을 물어보니 학기 초에 선생님이 주셔서 문장완성검사(SCT), 어항 물고기 그림검사 등을 하였고 심리검사 결과는 듣지 못했다고 했다.

심리검사를 하기 전 심리검사자가 심리검사를 실시하는 이유와 심리검사에 응답할 때 주의해야 할 사항을 자세하게 설명하는 것이 결과에도 영향을 미친다. 심리검사를 받는 입장에서도 자신이 이 검사를 왜 해야 하는지, 어떤 것을 유의하며 응답해야 하는지에 대한 설명을 들었을 때 심리검사에 진지한 태도로 임하게 된다. 그리고 그런 과정을 통해 신뢰도와 타당도가 높은 심리검사 결과를 도출해 낼 수 있다. 여기서 끝나는 게 아니다. 심리검사는 실시하고 난 이후, 학생이나 보호자에게 결과를 설명하고, 이 결과를 바탕으로 한 앞으로의 제언까지 포함되어야 심리검사의 모든 과정이 끝난다. 심리검사는 내담자에게 도출하고자 하는 내용이 있을 때 올바른 방법으로 실시하는 것이지, 한꺼번에 검사 답안지를 양산해서는 안 된다고 생각한다.

문장완성검사(SCT) 아동용은 총 33문항으로, 자신이 생각하는 것을 글로 적는 검사이기 때문에 학생이 또 하기에는 무리가 있었고, 학생도 이 많은 것을 또 해야 하냐며 싫어했다. 학생이 응답한 문장완성검사(SCT)의 결과지를 교사에게 요청하는 방법도 있었지만 같은 반 학생들과 함께 있는 자리에서, 담임교사와 다른 학생들에게 잘 보이고 싶은 신학기에, 솔직하게 응답하는 것은 어려웠을 것 같아 검사 결과의 신뢰도가 낮을 것으로 판단되었다.

선생님께서 평소에도 학생들을 진심으로 사랑하시는 분이기에, 학생들을 잘 파악해서 놓치는 부분 없이 교육과 지도를 하고 싶은 마음으로 하셨다는 것을 알고 있었다. 나중에 기회가 생겨서 전문상담교사의 입장과 심리검사에 관한 윤리를 조심스럽게 말씀드리니 정말 몰랐다며 이야기해 줘서 고맙다고 수용해 주셨다. 그렇다. 선생님들은 학생들에게 도움이 되고자 하는 좋은 마음으로 심리검사를 사용하고 있는데 '심리검사에 대한 상담자의 윤리'는 상담자 외에는 고려하기 어려운 내용이다.

　요즘에 MBTI 성격유형검사가 열풍이라 초등학생들도 알고 있다. MBTI 성격유형검사는 한국MBTI교육연구소에서 실시하는 여러 단계의 연수 이수와 과제 제출 등의 과정을 거쳐야만 검사지를 구입하고 실시할 수 있는 자격이 주어지는데, 사람들은 인터넷에서 검색한 MBTI 간이검사를 하거나 간이검사지를 복사하여 실시하기도 한다. MBTI 성격유형검사는 MBTI Form G, MBTI Form K, MBTI Form M, MBTI Form Q 4가지 종류[21]로, 종류마다 문항 수가 다르며, 고등학교 1학년부터 성인을 대상으로 제작되었다. 초등학교 4학년에서 중학교 3학년 학생들은 CATi 어린이 및 청소년 성격유형검사를 실시하여야 하며, 성인용보다 적은 51문항이다. CATi 어린이 및 청소년 성격유형검사는 자기 자신을 제대로 인식해야 신뢰도가 높은 결과가 나오기 때문에 6학년부터 실시하는 것을 권고하기도 한다. 초등학생이 CATi 검사를 했다면 다행이지만, MBTI 간이검사를 하였고 검사에 대한 유의사항을 설명 받지 못한 채 응답했으면 검사 결과의 신뢰도가 낮을 확률이 높다. 에릭슨(Erikson)의 심리사회적 발달단계에 따르면 약 12세부터 청소년기에 자아정체감인 '나는 누구인가.'를 형성한다고 한다.

---

21)　참조: 한국MBTI연구소 www.mbti.co.kr

이 단계에 있는 학생이 자신의 실제 성격유형과 다른 검사 결과와 해석을 들으면 정체감에 혼란을 느끼기도 한다. '나는 이런 유형이 아닌데 왜 검사 결과는 이렇다고 하지?' 혹은 '나는 이런 사람이니까 이렇게 해야 해.'라고 자신을 잘못 인식하게 되어 자아정체감을 형성하는 시기에 도움이 되지 않는 경우를 보기도 했다. 그래서 심리검사는 교육을 받은 사람이, 학생들에게 제대로 검사하고 결과를 수용하도록 도와줄 수 있을 때 실시하는 것이 좋다고 생각한다.

그림검사는 투사검사로서 모호한 검사 자극에 대한 개인의 반응을 분석해야 하기 때문에 검사자의 전문성과 임상 경험이 더욱 중요하다. 또한 그림검사를 과학적으로 연구한 학자들의 결과들을 충분히 검토하고 연구하는 것도 필요하다. 나는 투사검사만 사용하지 않고, 표준화된 심리검사를 함께 사용하여 검사 결과에 대한 신뢰도를 높이려고 한다. 그림검사는 검사자의 역량이 영향을 미치는 검사로, 실시할 때 검사자가 제시하는 그림의 순서가 있고, 그림마다 종이를 제시하는 방향이 다르며, 검사를 해석할 때 그리는 순서, 위치, 연필심, 지우개 사용 정도, 필압 등도 검사 해석에 영향을 미친다. 또한 그림을 그리고 나서 검사자가 하는 질문에 검사대상자가 어떤 대답을 하는지도 중요하다. 특히 그림검사를 해석할 때 '이걸 그리면 이런 뜻이고, 이렇게 하면 이런 의미다.'라고 하는 것을 점쟁이식 해석이라며 경계해야 한다고 배웠다. 심지어 초등학생 중에서도 "선생님 이거 그리면 무슨 뜻이

래요."라고 말하는 경우도 봤다. 이처럼 그림검사가 쉽게 사용되고, 올바른 방법으로 실시 받지 못한 경험으로 인해 정작 내담자에게 그림검사가 필요할 때 제대로 사용하지 못할까 봐 염려스럽다.

학생들에게 심리검사가 필요할 때는 학교 내에 전문상담교사에게 심리검사를 실시해줄 수 있는지 의뢰하거나 학교 내에 전문상담인력이 없다면 해당 교육지역청 위(Wee)센터, 청소년상담복지센터, 정신건강복지센터 등 외부 상담기관에 의뢰하면 도움을 받을 수 있다. 만약 학교 예산이 있다면 심리검사를 제작한 연구소나 학회에 연락하여 전문 강사의 파견을 요청하는 방법도 있다.

4장

학교에서 하고 싶지 않지만,
할 수밖에 없는 이야기

1

학생에게 병원 진료가 필요한 경우,
보호자를 어떻게 설득하면 될까요?

마음은 보이지 않지만, 학생들은 신체 증상과 감정, 행동으로 도와달라고 외치고 있다.

첫 만남 혹은 전화로 병원 진료나 종합심리검사를 권유하면 보호자께서 방어적으로 나오실 확률이 높다.

여러 번 전화나 대면상담으로 안정되고 친밀한 관계를 형성한 다음, 대면하면서 보호자에게 병원 진료나 종합심리검사를 권유하자.

보호자가 당장은 동의하지 않더라도 포기하지 말고, 보호자와 신뢰 관계를 유지하며, 지금 현재 내가 학생에게 도움이 되는 상담을 지속적으로 하자.

학생에게 조기개입은 아동기와 청소년기를 바꿀 수 있으며, 그것은 어른의 몫이다.

보이지 않는 마음, 온몸으로 표현하는 학생들

우리나라는 정신건강의학과에 대한 부정적인 인식이 아직도 큰 것 같다. 하지만 소도시에 있는 정신건강의학과도 초진인 경우에 예약해야 진료를 받을 수 있고, 예약된 시간에 가도 꽤 기다려야 한다. 학생이 종합심리검사(풀배터리 검사, Full Battery Assessments)를 받으려면 한두 달의 대기를 해야 하는 상황이다. 외국에서는 정신 질환을 뇌의 문제와 연결 시켜 '정신건강의학과'라는 명칭 대신 '뇌신경의학과' 등의 명칭으로 바꾸자는 분위기도 조성되고 있다.

아이들이 기침을 하고 콧물을 흘리고 체온기로 쟀을 때 열이 높으면 보호자가 병원에 데리고 간다. 감기가 유행하는 기간에는 동네의 이비인후과, 소아과의 대기가 어마어마하다. 다리가 골절되는 경우 병원에서 X-ray 촬영을 하여 손상 정도를 눈으로 확인한 다음 의사의 처치를 받고 한동안 신체 활동을 조심한다.

그렇다면 마음은? 마음은 보이지 않는다. 정말 꺼내서 볼 수 있으면 좋겠는데, 어디에 있는지 꺼낼 수도 없다. 보이지 않아서 그런지 평소에는 잘 살펴보지 않는 듯하다. 우리 성인들도 마음에 스트레스나 아픔이 쌓이면 신체 증상으로 나타나는데 그러려니 하고 그냥 넘길 때가 많다. 학교에서 만나는 학생들도 "나 마음이 아파요. 나 좀 봐주세요. 나 좀 도와주세요."라며 신체 증상, 감정과 행동, 온몸으로 표현하고 있다. 머리나 배가 아파서 보건실에 자주 가는 학생들을 보며, '오히려 상담실로 와야 하지 않나?'라고 생각하기도 한다. 학생들의 신체 증상이나 감정과 행동에 민감하게 반응하지 못하면, 보이지 않는 마음의 아픔은 더 커지고, 더 깊이 자리 잡게 되며, 다른 문제행동이나 습관(손톱 물어뜯기, 화가 나면 자기 얼굴이나 머리 때리기 등)으로 나타나기도 한다. 그래서 상담교육을 할 때 "학교에서 몸이 아프면 보건실에 가는 것처럼, 학교에서 마음이 아프면 상담실로 오면 돼요. 마음은 눈에 보이지 않죠? 그래서 여러분들이 마음이 아플 때 보호자, 선생님, 상담선생님께 말해줘야 해요. 어른들은 도와주고 싶은데 여러분의 마음이 어떤지 몰라서 도와주지 못했을 때, 어른들의 마음은 속상해요."라고 말하지만, 내 마음 한구석은 불편하다. 이미 학생들은 언어로, 신체 증상으로, 감정 표현으로, 행동으로 말하고 있기 때문이다. 어른들의 '크면 괜찮아질 거야.'라는 희망으로 포장된 '행동하지 않음'으로, 더 심각해지고 있는 학생들이 머릿속에 떠오른다.

병원 진료 및 종합심리검사를 권유하는 방법

전문상담교사가 봤을 때 학생의 증상이 상담의 영역이 아니라 정신병리의 영역에 속한다고 여겨진다면 보호자와의 상담을 통해 정신건강의학과 진료나 종합심리검사(풀배터리 검사)를 권유한다[22]. 다만 전문상담교사가 보호자와의 안정되고 신뢰 있는 관계가 형성된 상태에서, 전화가 아닌 직접 대면으로 만나서 권유하는 것이 좋다고 생각한다. 그리고 전문상담교사가 보호자를 처음 만나거나 통화하는 상황

---

22) 「교원의 학생생활지도에 관한 고시」 제9조 3항에 따르면 학교의 장과 교원은 학생의 문제 개선을 위하여 전문가의 검사·상담·치료를 보호자에게 권고할 수 있다. 출처: 국가법령정보센터

에서는 병원 진료나 종합심리검사(풀배터리 검사)를 권유하지 않는다. 전문상담교사가 학생과 보호자를 여러 번 상담하면서 친밀감을 쌓고, 충분히 파악했을 때 권유하는 것이 보호자도 믿고 받아들일 수 있다. 서로를 잘 모르는 초기 상담에서 병원 진료나 종합심리검사(풀배터리 검사)를 권유한다면 보호자의 입장에서는 '우리 아이를, 우리를 얼마나 봤다고 저렇게 판단하지?'라고 생각하실 수 있다. 또한 전화로 병원 진료나 종합심리검사(풀배터리 검사)를 권유하면 비언어적인 의사표현인 얼굴 표정이나 태도 등을 볼 수 없기 때문에 오해할 소지가 있다. 대면상담에서는 전문상담교사의 얼굴 표정과 태도를 통해 보호자와 학생을 존중하는 마음이 전해질 수 있는데 전화로는 전문상담교사의 진심과 존중하는 마음이 전해지는 데 한계가 있다. 그래서 상황이 허락된다면 보호자와 대면하여 병원 진료와 종합심리검사(풀배터리 검사)를 받을 수 있도록 권유드리는 것이 좋다. 보호자와 상담할 때는 먼저 결론부터 말하기보다, 담임교사가 교실에서 관찰한 학생의 문제행동을 말하면서 보호자에게 "학생이 가정에서는 어떠한가요?"라고 질문하여 일방적인 전달이 아닌 보호자의 이야기를 충분히 듣는다. 이후 전문상담교사가 학생을 상담하면서 느낀 견해를 전하고, 학생의 건강한 성장과 발달을 위해 어떻게 노력할지 협의하는 과정을 가지는 것이 좋다. 나는 주로 이렇게 권유 드린다.

"보호자님. 제가 상담을 해 보니 학생의 이런 부분이 염려가 되어 종합심리검사(풀배터리 검사)를 통해 현재 상태와 원인을 진단받아보시는 것이 좋겠다는 생각이 듭니다. 종합심리검사(풀배터리 검사)는 임상심리사가 하는데 임상심리사는 주로 병원에서 일하고 계셔서 정신건강의학과로 가서야 합니다. 의사 진료와 종합심리검사(풀배터리 검사) 결과에서 학생에게 임상적인 문제가 발견된다면 조기에 치료할 수 있어서 다행이고요. 임상적인 문제가 없다면 종합심리검사(풀배터리 검사) 결과를 바탕으로 현재 학생의 심리적 어려움과 문제행동의 원인을 파악하여 학생 상태에 맞는 교육과 상담을 하면 되니 다행이라 생각합니다. 보호자님 생각은 어떠신지요?"라고 묻는다.

이때 유의해야 할 점은 첫째, 학생이 특정 진단명(예를 들면 ADHD, 우울장애 등)으로 예측되더라도 보호자에게 진단명을 말하지 않는 것이 좋다. 도움을 주고자 하는 마음으로 예측한 진단명을 말했을 경우 예기치 못한 민원과 소송이 있을 수 있다. 또한 우리가 정신건강과 관련하여 진단을 내릴 수 있는 전문성은 없기 때문에 조심하는 것이 좋다. 전문상담교사가 임상심리사 자격을 가지고 있더라도 학생을 진단하는 역할이 아니라 상담하는 역할에 초점을 두고, 진단하는 역할은 정신건강의학과 임상심리사에게 맡기는 것이 좋다고 생각한다. 전문상담교사가 진단과 상담하는 역할을 동시에 하는 경우 보호자에게 혼란을 야기하며 불필요한 전이 상황이 나타날 수 있다.

둘째, 병원에서 종합심리검사(풀배터리 검사) 결과를 듣고 난 후 「심리검사 결과 보고서」 사본을 요청할 수 있다. 보호자에게 미리 말씀드려 「심리검사 결과 보고서」를 학교로 전해 주실 것을 말씀드린다. 「심리검사 결과 보고서」를 분석하면서 학생이 현재 어떤 원인으로 이러한 증상을 나타내는지 파악하여 앞으로 학생의 상태에 맞는 교육과 상담을 실시할 수 있다.

셋째, 보호자께 학생의 병원 진료나 종합심리검사(풀배터리 검사)를 권유 드릴 때는 보호자를 배려한다고 간접적으로 돌려서 이야기하면 말하고자 하는 내용이 제대로 전달되지 않을 수 있다. 따라서 현재 학생의 상황을 사실 그대로 직접적이고 담백하게 말하며, 장황하게 말하기보다는 단순명료한 내용을 부드럽게 전달하는 것이 좋다고 생각한다.

넷째, "현재 학생이 겪고 있는 심리적인 어려움과 문제행동의 원인을 파악해서, 그 문제가 더 커지지 않게 예방하며, 학생이 건강하게 성장할 수 있도록 가정과 학교가 함께 협력하면 좋겠습니다. 저희를 보호자의 교육 파트너로 생각해 주시고 도울 수 있는 부분은 언제든지 지원하겠습니다."라고 말씀드려서 보호자 혼자가 아닌 학교가 함께라는 마음을 가질 수 있도록 돕는다. 학생의 심각한 상황을 처음 인지한 보호자께서 많이 놀라거나 당황했을 경우에는 보호자의 반응을 공감하고, 상황을 수용하는 시간을 드리며 기다릴 필요도 있다.

보호자의 마음은 바꿀 수 없지만, 내가 할 수 있는 것을 하자

안타깝게도 내가 겪어온 상담 현장에서는 열심히 공을 들여 보호자를 설득하고 병원 진료를 권유했을 때 바로 행동으로 옮기시는 분은 많지 않았다. 위의 내용처럼 전문상담교사가 학생 및 보호자와의 신뢰 있고 친밀한 관계를 유지하여 상담을 지속하면서, 학생의 명확한 증상을 설명하며 가끔씩 권유하면 확률이 조금 올라간다. 간혹 학교폭력에 연관되거나 다른 보호자로부터 민원을 받으면 병원에 가실 확률이 조금 더 높아진다. 그렇다고 교사로서 학생에게 최악의 상황이 생기길 기다릴 수는 없으니, 기회가 생길 때마다 보호자를 설득하는 수밖에 없다. 내가 주로 경험한 상황은 1학년 때 학생의 문제행동이나 심리적인 문제를 발견하여 종합심리검사(풀배터리 검사)나 병원 진료를 권유하였지만, 보호자께서 학생의 상태를 인정하지 못하셨다. 시간이 지나 3학년 즈음에 학생의 문제행동이 더 심해져서 수업을 방해하고, 다른 학생들과 갈등이 잦아지면서 3학년 말에 병원에 가는 경우가 많았다.

학생 생명에 지장이 없는 이상 보호자께서 끝까지 병원 진료와 종합심리검사(풀배터리 검사)를 거부하시면 학교에서는 강제할 수 있는 법적 근거가 없다. 보호자를 아동학대 방임으로 신고하여 학생에게 필요한 병원 진료와 검사를 받게 하는 방법은 있다. 처음에는 이런 상황이 너무 답답했다. 학생에게 필요한 것은 병원 진료와 종합심리검사(풀배터리 검사)인데 보호자가 동의하지 않으니 학생이 불쌍하고, 보호자가 원망스러웠던 적도 있다. 다른 한편으로는 학생이 병원 진료와 종합심리검사(풀배터리 검사)를 받아야 한다는 나의 판단이 맞는지 의심해 보고, 자료를 찾아보고 확인해 보기도 한다. 차라리 나의 판단이 틀렸으면 좋겠다는 생각도 한다.

학생들은 마음을 터놓을 수 있는 친밀한 친구들이나 담임교사, 상담 선생님에게 자신의 속마음을 이야기하기도 하지만 보호자에게 말하기는 쉽지 않다. 이는 보호자와 심리적 거리가 있거나 걱정하실까 봐, 혹은 보호자로부터 기인한 정서적 어려움이기 때문에 말하거나 티 내지 못한다. 그래서 보호자가 학생의 심리적·행동적 문제를 파악하지 못할 가능성이 있다. 혹은 학생에게 심리적·행동적 문제와 정신건강의 위기가 있을 수도 있다고 보호자가 생각하지만 수용하는 것이 어렵고, 두려워 회피하는 경우도 있다.

여러 과정을 경험하면서 '보호자 입장에서는 그렇게 결정하실 수밖에 없는 이유가 있지 않을까?'라며 이해하기 위해 노력도 해 보고, 그래도 학생을 가장 사랑하는 사람은 보호자니까 보호자의 결정에 순응할 수밖에 없었다. 보호자의 결정은 내가 바꿀 수 없으니, 현재 전문상담교사로서 내가 학생에게 할 수 있는 것을 찾아서 최대한 하려고 한다. 학교에서 학생 상담을 지속적으로 진행하고, 학생의 문제행동이나 내면화된 심리적 문제가 나아질 수 있도록 담임교사, 보호자와 계속 연락하며, 가정-교실-상담실에서 협력하여 학생을 대할 수 있도록 연계하고 있다. 완벽하진 않지만, 지금 여기에서 내가 할 수 있는 일을 하는 것으로 학생에게 도움이 되고자 한다.

조기개입의 중요성; 문제를 해결하는 것은 어른의 몫

내가 이렇게 조기개입과 조기치료를 부르짖는 이유는 경험 때문이다. 외부 상담기관에서 근무할 때, 36개월의 아동이 말을 하지 않고, 반응이 없다며 자폐스펙트럼이 의심된다고 의뢰가 들어왔다. 아동을 대상으로 종합심리검사(풀배터리 검사)를 실시했는데, 검사 결과 자폐스펙트럼이 아니고 반응성 애착장애였다. 보호자와의 애착 문제로 말도 하지 않고, 반응도 없었던 것이다. 보호자와 상담을 지속적으로 하면서 심리적 문제를 해결하고, 아동과 애착 형성을 할 수 있도록 교육했다. 아동과는 놀이치료를 하면서 상담자와의 애착을 형성하고 반응을 촉진시켰다. 몇 달 후 아동은 치료실 창문 밖으로 보이는 글자들을 읽기 시작했다. 나와 상호작용을 하며 "물 주세요. 배고파요. 장난감 가지고 놀고 싶어요." 등의 자기표현을 하기 시작했다. 1년 정도 아동의 놀이치료와 보호자 상담을 지속했고 그 이후 아동은 일반 어린이집에 등원할 수 있었다. 가정에서 "이 아이는 말이 늦게 터지나 보다." 하고 기다렸다면 아동의 언어와 정서적 발달, 학습능력과 대인관계 경험도 지연되었을 것이다. 이 상황에서 가장 힘들었던 사람은 아동 본인이다. 하지만 아동은 자신이 힘들다고 표현하지 못한다. 아동이 가지고 있는 문제를 해결하는 것은 어른들의 몫이다.

초등학생도 마찬가지다. 학생이 ADHD일 수도 있고, 선택적 함구증이나 불안장애일 수도 있는데 어른들이 '나이 들면 조금씩 나아지겠지.'라고 생각하신다면(물론 매우 괴로운 심정을 가지고 계실 것을 안다), 그 힘든 상황은 학생 혼자 오롯이 감당하게 된다. ADHD로 인한 잦은 교우관계 갈등도, 선택적 함구증으로 인해 발표도 못하고 친구들과 이야기하지 못하는 외로움도, 내가 안 하고 싶어도 하게 되는 틱장애로 인해 위축된 마음도 학생이 혼자 감당하고 있다. 물론 옆에서 지켜보는 보호자의 마음도 속이 타들어 가겠지만, 현실을 겪는 건 학생 본인이다.

학생이 적정한 시기에 치료받지 못하면 "교실에서 수업을 방해한다. 말을 못 한다. 이상한 몸짓을 한다." 등의 부정적인 피드백을 다른 학생들에게 받게 된다. 학생의 자아존중감이 낮아지고, 교우관계에도 문제가 생겨 교실에서 혼자 앉아 있는 시간이 많아지게 된다. 나는 심리적인 원인 때문에 말더듬 증상을 가지고 있는 학생이 교실에 혼자 앉아 있던 모습을 잊을 수 없다. 쉬는 시간이라 학생들이 끼리끼리 모여 보드게임을 하고 있었는데 그 학생 혼자만 큰 눈을 껌뻑거리며, 온몸에 힘을 주고 긴장하여 주변을 두리번거리던 모습을 보고 너무 마음 아팠다. 보호자가 이 모습을 보셨으면 우리의 권유를 받아 주셨을까?

보호자에게 지원 안내와 의뢰서로 돕기

요즘은 경상북도교육청이나 교육지원청 위(Wee)센터에서 종합심리검사비, 진료비를 지원하는 사업을 운영하고 있어서 지원 조건에 해당되는 보호자에게 안내해 드린다. 또한 보호자께서 동의하신다면, 학생의 학업성취능력, 대인관계능력, 사회적 상황에 대처하는 능력과 교실에서 관찰한 모습, 정서적·행동적 상태와 상담 주요 내용들을 의뢰서로 작성하여 정신건강의학과 진료나 종합심리검사(풀배터리 검사)를 받으러 갈 때 전달하기도 한다. 이 의뢰서를 병원에 보냈을 때 장점은 학교에서 나타나는 학생의 문제행동과 심리상태를 의사와 임상심리사에게 그대로 전달할 수 있다는 것이다. 보호자도 교사에게 들은 내용을 그대로 병원에 전달하는 데 한계가 있다. 그래서 의뢰서를 작성할 때는 전문상담교사와 담임교사의 주관적인 평가나 판단을 배제하고 학생을 관찰한 그대로 서술한다. 의뢰서의 내용은 담임교사와도 협의하여 오류나 누락되는 내용이 없도록 한다. 의뢰서를 작성하면 내부결재를 받아 공문으로 발송하며, 보호자를 통해서 인편으로 전달하거나 병원에 팩스를 보내는 방법도 있다. 의뢰서를 상신할 때 주의할 점은 비공개 6호로 지정하고 정보공개를 영구로 해야 한다. 이처럼 학생의 민감한 개인정보 보호에 주의를 기울이는 것도 잊지 않는다.

마음을 연습하는 상담실

2

죽고 싶다고 생각하는 학생이 병원 진료를 받고 싶어 하는데 보호자가 반대하세요. 어떻게 해야 할까요?

자해나 자살 관련 면담에서는 우회적으로 질문하기보다 직접적으로 질문하는 것이 학생에게 도움이 된다.

긴급한 상황에서는 의료법 제15조 1항, 보건의료기본법 10조에 의거하여 보호자의 동의 없이도 진료를 받을 수 있다. 하지만 가능하다면, 학생의 진료 시작과 진료비, 각종 동의서 서명을 원활하게 하기 위해 보호자의 동의를 받아 치료를 받는 것이 좋다.

보호자가 학생의 치료에 동의하지만 학생과 함께 병원에 가기 힘든 상황이라면 학교 선생님이 동행할 수 있다.

요즘 경상북도교육청에서는 자해와 자살 예방을 위해 총력을 다하는 것이 느껴진다. 이제 비단 중·고등학교의 문제만은 아닌 것 같다. 초등학교에서도 이제 신경을 곤두세워 조용히 웅크러서 도움의 신호를 보내거나, 어둡고 극단적인 언행을 보이는 학생에게 관심을 기울여야 할 때다. 그리고 밝게 웃고 친구들과 잘 어울리며 공부를 잘하는 학생이 자해 및 자살과 연관이 없을 거라 생각해서는 안 된다. 학업성취도가 높고 사회적인 기술이 좋은 학생은 자신의 감정을 숨기는 것도 능숙하게 잘하기 때문에 세밀하게 살펴야 한다. '초등학생이 벌써 그런 생각을 한다고?'라고 할 때는 이미 지났다. 그럼 고학년만 살펴야 하나? 그것도 아니다. 확률적으로 고학년이 높겠지만, 난 이미 오래전 초등학교 1학년이 학교 복도에서 창문 밖을 바라보며 "뛰어내리고 싶어요."라고 말하는 상황도, 초등학교 3학년이 "반 친구 얼굴을 칼로 찢어서 죽이고 나도 죽고 싶어요."라고 말하는 상황도 겪었다. 어른들이 바라보는 초등학생은 아직 어리지만, 인터넷 매체에서 우리가 상상하는 것 이상의 심각한 내용을 보고, 우리가 생각하는 것 이상으로 심각한 정서적 어려움을 겪는 학생을 만난 적이 있다. 정신건강과 관련한 질병 중에서 초등학생 나이에 발병하는 질병도 있다. 그래서 이제 초등학교에서도 자해나 자살 관련 사안은 심각하게 받아들이고 예방과 치료에 많은 힘을 쏟고 있다.

자해 및 자살 관련 학생을 면담하는 방법

자해나 자살 관련 면담에서는 학생의 주변에 대해서 우회적으로 질문하지 말고, 담담하고 직접적으로 묻는 것이 좋다. 자살 생각을 가진 학생에게 "죽고 싶다고 생각한 적이 있니?"와 같이 직접적으로 물어보는 것은, 결코 자살 행동으로 연결되지 않으며 자살을 부추기지 않고 오히려 학생을 보호할 수 있다. 이는 학생에게 '내가 너와 함께 자살에 대해 대화할 준비가 되어 있고, 너를 이해하고 싶다.'라는 마음이 전달되어, 학생이 '혼자'라는 생각보다 이해받는다는 느낌을 받을 수 있다. 학생이 자살과 관련하여 대답하기 꺼려하는 이유는 '혼날까봐.' 혹은 '이해받지 못할 것 같은 두려움'이 가장 크다. 그래서 질문하기 전에 먼저 '선생님은 너를 혼내거나 판단하려고 하는 것이 아니라, 네 마음이 어떤지 궁금하고, 도와주고 싶어서 묻는 건데 이야기해줄 수 있겠니?'라고 말하며 학생의 긴장을 풀어 주는 것이 좋다. 학생의 대답을 들을 때는 중간에 말을 자르고, 잘못된 행동이라고 질책하거나 함부로 충고하지 않아야 한다. 우리는 학생의 환경에서, 학생의 입장으로 살아보지 않았기 때문에 함부로 판단할 수 없다. 걱정스런 마음에 교육적으로 선도해야 한다는 강박감이 있을 수 있는데, 어떻게 반응해야 할지 모르겠다면 아무 말 하지 않아도 된다. '내가 학생의 입장이라면'이라고 생각하면서 충분히 들어주고 토닥여 주기만 해도 선생님의 마음이 전달될 것이다. 교육부와 학생정신건강지원센터에서 발간한 「학생정서·행동특성검사 관리 매뉴얼」에 보면 「자살관련 면담 기록지」가 있다. 자해 및 자살 생각을 하는 학생을 면담할 때 사용하는 것으로 내담자의 자살 생각 유무, 자살 계획 여부, 자살 실행 여부, 자살의 이유 등을 질문으로 확인하여 자살 위험 정도를 파악하고 단계에 맞게 조치를 할 수 있도록 만든 기록지이다. 자해나 자살 관련 학생을 면담할 때 도움이 될 것이다.

자해 및 자살 징후는 보호자에게 꼭 알리기

　학생이 자해나 자살 생각을 하고 있다는 사실을 알게 되면 가장 먼저 학생과 상담을 해야 하고, 바로 보호자에게 이 상황을 알려야 한다. 보호자와 상담하여 학생의 상담 및 치료 방법에 대해 논의하고, 상담과 기관 연계를 위한 보호자의 동의를 받아야 한다. 학생의 주양육자인 보호자가 학생의 위험한 심리상태에 대해 알고 있어야, 가정에서도 학생의 심리적 문제가 더 심각해지지 않도록 노력할 수 있다. 그런데 보호자에게 학생의 심리적 상태에 대해 말씀드리면 "저희 애가요? 어떻게 해요? 선생님." 하면서 놀라시는 분도 있지만 "누구나 한 번씩 생각해 보는 그런 상황 아닐까요? 저도 힘들면 죽고 싶다는 생각을 한 번씩 하는데 선생님은 그런 적 없으세요?" 혹은 "집에서는 안 그러는데 우리 애가 학교에서 관심받고 싶어서 그런 말을 하는 것은 아닐까요? 우리 애는 아직 어린데요."라고 말씀하시는 분도 있다. 어떤 경우에는 위기 상황에 담임교사가 전화를 해도 받지 않으시고, 통화를 원하는 문자를 남겨 두어도 연락이 없을 때가 있다. 학교에서는 긴급한 사안으로 여기고 보호자와 상의하고 싶은데 통화나 문자로도 연락이 되지 않는 경우가 있어서 안타깝다. 결국 보호자와 계속 연락이 안 될 때, 가정 방문을 하겠다는 문자를 보내면 연락이 되기도 한다. 이런 경우 학교에서는 보호자와 대면하여 상담할 것을 요청하지만, 여러 가지 이유로 전화상담을 원하시는 경우가 많다. 만약 계속 보호자와 연락이 되지 않고, 학생에 대한 보호자의 돌봄과 관심이 부족하다고 판단된다면 학교에서 아동학대로 신고해야 한다.

보호자와 상담하면서 가정에 경제적·정서적으로 어려움이 많다고 판단될 때는 보호자의 동의를 얻어, 시청의 드림스타트 사업이나 행정복지센터 복지업무 담당자에 의뢰할 수 있다. 드림스타트나 맞춤형 복지 사업은 가정에 직접 방문하여 면담과 관찰을 통해 가정에 필요한 전반적인 부분을 파악한다. 그래서 총체적인 복지 서비스와 지역사회의 여러 자원과 연계된 지원을 받을 수 있다. 학생이 자해나 자살 생각을 하는 것은 학생 한 명의 문제로 일어나는 상황은 적기 때문에, 가정에 대한 총체적인 지원이 필요한 경우가 많다.

보호자가 정신건강과 관련된 질병을 앓고 있는 경우에는 해당 지역의 정신건강복지센터와 연계할 필요가 있다. 정신건강복지센터는 정신건강과 관련하여 어려움을 겪고 있는 개인과 가정을 관리하고 필요한 도움을 줄 수 있는 기관이기 때문에 학교보다 더 적극적으로 보호자의 정신건강에 개입할 수 있다.

어렵게 보호자의 동의를 받았던 이야기

학기 초에 실시하는 위(Wee)클래스 상담주간 행사가 끝난 오후에 한 학생이 혼자 상담실로 찾아왔다. 자신은 안 좋은 일들이 반복적으로 생각나서 수업에 집중할 수가 없고, 너무 우울해서 죽고 싶다고 말했다. 그것도 밝게 웃으면서 말했다(자살하고 싶은 학생도 웃을 수 있다. 웃는다고 해서 괜찮은 것은 아니다). 학생을 상담하면서 「자살관련 면담 기록지」로 탐색해 보니 '낮은 위험'으로 나와 '보호자 연락, 교내 상담 인력의 지속적 관찰과 상담'으로 조치를 하면 되는 상황이었다. 보호자에게 학생의 상태를 알렸고 가정에서도 학생에게 관심을 기울여 주십사 말씀드렸다. 학교 상담실에서 매주 1회 상담을 하고, 그 외 학생이 심리적인 어려움을 호소할 때도 언제든지 상담을 할 수 있도록 보호자의 동의를 받았다. 나와 학생과의 라포도 잘 형성되었고, 상담에 적극적이어서 깊은 대화를 나누고 있었다. 하루는 학생이 긴급하게 상담을 요청했는데, 어제 보호자가 술을 드시고 학생에게 "죽고 싶으면 죽어도 된다."라고 말한 상황이었다. 그래서 학생이 충격을 받고 너무 괴로워했다. 학생이 그 당시에 느꼈을 충격과 감정을 충분히 공감하고 이야기를 나눈 후에, 정신건강의학과가 어떤 곳인지 설명하며 "나빴던 기억이 반복적으로 생각나고, 불안하고 우울한 정도가 심해서 네가 정신건강의학과의 도움을 받아야 할 정도라고 느끼니?"라고 물었다. 그러자 학생이 바로 "네"라고 대답했다. 자해나 자살 관련 징후가 발견되었을 때 정신건강의학과의 진료를 권유하는 이유는, 자해와 자살 징후가 우울장애, 불안장애, 외상 후 스트레스장애 등 정신건강과 관련이 높기 때문이다.

다른 문제도 마찬가지지만 자해와 자살 관련하여 보호자와 상담을 시작할 때는 '보호자, 학생, 가정에 문제가 있어서 이런 일이 생겼다.'

라는 느낌을 주지 않도록 조심해야 한다. 보호자가 '가정, 보호자의 문제가 원인이다.'라고 지적받는 느낌을 받으면 학교와의 상담에서 마음의 문을 닫고, 방어적으로 행동하며, 학교와 협력하는 것을 거부할 수도 있다. 나는 학생의 자해 및 자살 등 위기 사안을 대처할 때 보호자와 담임교사, 전문상담교사가 우호적인 관계를 계속 유지하는 것이 정말 중요하다고 생각한다. 보호자와의 관계가 원만하지 않으면, 학생에게 상담적·치료적 개입을 하는 것이 어려워지기 때문이다.

학생의 명확한 대답 덕분에 내가 할 일은 명확해졌다. 일단 담임교사와 상의해서 오후에 보호자 상담을 대면으로 진행하기로 했다. 미리 담임교사, 생활부장, 전문상담교사가 모여 이 상담을 어떻게 진행할지 함께 의견을 나누었다. 보호자께서 오셨을 때 담임교사와 전문상담교사가 "이 학생이 학교생활을 얼마나 잘하고 있고, 학생의 좋은 점과 원만한 교우관계, 이 학생으로 인해 교사들이 긍정적인 감정을 느끼고 있습니다. 보호자께서 가정에서 잘 양육하셔서 학생이 잘 성장한 것 같습니다."라는 말로 상담을 시작하였다. 보호자 듣기 좋으라고 지어낸 말이 아니라, 실제로 선생님들이 학생을 관찰하고 느낀 점이었다. '학생의 장점'에 초점을 맞춘 대화로 방어적인 보호자의 마음을 열고 부드러운 상담 분위기를 조성하였다. 그리고 "요즘 학생들은 옛날과 달라서 사춘기도 빨리 오고, 예민하여 감정에 어려움이 있을 수 있습니다. 이 연령대 학생들이 힘들 때 '죽고 싶다'는 생각을 하기도 합니다. 이때 '죽고 싶다'는 생각은 '정말로 죽겠다'는 뜻이 있을 수 있지만, 그 안에는 '죽을 만큼 힘드니까 나를 도와주세요'라는 의미가 있습니다. 이 학생만 죽고 싶다고 생각하는 것은 아니고 또래 다른 학생들도 이런 경우가 종종 있습니다."라고 설명하면서 보호자가 청소년기를 이해하는 데 도움을 드렸다. 그 이후에는 생활부장님이 부드럽고 명확하게 "자녀 양육할 때 힘들 때도 많지요. 하지만 학생을 대할 때 자극적인 말로 하는 것보다 부드럽게 말씀하시는 것이 좋을 것 같습니다."라는 내용의 말씀을 하셨다.[23] 어느 정도 대화를 나눈 후 전문상담교사가 "보호자께서 동의만 해 주신다면 학생을 전문가에게 맡겨 보시는 건 어떨까요?"라고 말씀드리자 흔쾌히 알겠다고 하셨다. "이런 경우 전문가를 만날 수 있는 곳은 외부 상담기관이나 병원 등 여러 곳이 있습니다. 이 학생 같은 경우는 정신건강의학과 진료를 받는 것을 추천드려요. 의사선생님께서 약물치료가 필요하다고 하시면 처방에 맞게 치료를 받고, 의사선생님께서 약물치료가 필요 없다고 하시면 학교에서 계속 상담하면 됩니다. 보호자께서 두 분 다 일을 하셔서 낮에 학생을 데리고 병원에 다니기 어려우실 텐데 제가 병원 진료받을 때 함께 다녀도 될까요?"라고 말씀드렸더니 다행히 동의를 해 주셨다. 확실하게 하기 위해 '교사가 학생의 정신건강의학과 진료에 동행하는 것을 동의한다.'라는 내용이 담긴 서면 동의서에 보호자 서명을 받았다. 우리는 보호자께 "학교를 믿어 주셔서 감사하다."라며 계속 인사드렸다.

---

23) 그 당시에 아동학대에 대한 이야기를 했는지는 명확히 기억나지 않는다. 하지만 '보호자의 행동이 아동학대에 해당된다.'는 것을 조심스럽게 말하는 것도 좋다.

우리가 이렇게 조심스럽게 접근한 이유는, 보호자의 심정을 자극하게 되면 그 이후에 가정에서 학생이 더 큰 일을 당할까 염려해서다. 그래서 병원 진료에 동의해 주신 것만으로도 정말 진심으로 감사했다.[24]

위와 같은 상황처럼 진행하는 것이 괜찮은지 궁금하실 텐데 경상북도교육청에서 발간한 「자해&자살 위기개입 지침서」에 따르면 『학생의 치료에 있어서 법적으로는 보호자의 동의가 필수적이지는 않으며, 긴급한 상황에서는 의료 관련 법령(의료법 제15조 1항, 보건의료기본법 10조)에 의해 학부모의 동의 없이도 진료를 받을 수 있습니다. 하지만 학생의 치료 시작과 안정적인 치료 지속, 진료비 지불 및 각종 동의서 서명 등에 대한 절차를 원활하게 수행하기 위해서 학부모의 동의를 받아 치료하는 것이 좋습니다. 만약 학부모가 학생의 치료에 동의하지만 함께 의료기관에 동행하기 힘들다면 제한적으로는 학생의 진료에 학교 선생님이 같이 갈 수 있습니다.』[25]라고 명시되어 있다.

이후 상황이 어떻게 진행되었냐면 학생의 심리적 상황을 많이 알고 있는 내가 관내 출장으로 학생과 함께 정신건강의학과 진료를 받으러 다녔다. 진료를 받은 후에는 학생이 좋아하는 음식을 함께 먹으러 갔다. 학생이 병원에 가는 과정과 진료를 받는 중에 남모르게 긴장했을 터인데 '고생했다. 너는 소중하니 네가 좋아하는 음식으로 너를 격려

---

24) 이 사례는 그나마 원활하게 진행되었다고 생각한다. 만약 이런 상황에서 보호자가 계속 거부하거나, 추후 학생에게 정신적인 학대를 가하는 경우 아동학대로 신고해야 한다.

25) 출처: 경상북도교육청 「자해&자살 위기개입 지침서」 p.39

해 주자.'라는 의미가 담긴 하나의 의식과 같았다. 학교 상담실에서 상담도 계속 진행했지만, 함께 병원에 다니는 과정도 우리에게 치료적인 의미가 있었다고 생각한다. 여기에서 치료적인 의미란 '나를 이렇게 소중하게 생각해 주는 사람이 있구나. 나도 나를 소중하게 대해 주어야겠다.'라는 생각을 학생이 가지도록 하여, 자살과 자해에 대한 생각의 빈도를 낮출 수 있도록 돕는 것이다.

　현재 경상북도교육청에서 운영하는 「정신건강 위기학생 진료비 및 치료비 지원 사업」은 자해 및 자살을 예방하기 위한 목적으로 정신건강 위기학생 중 위험도가 높은 학생을 대상으로 종합심리검사비(풀배터리 검사비)와 정신건강의학과 진료비 등을 지원하고 있다. 지원 조건에 해당되는 보호자에게 안내를 하면 도움이 될 것이다.

자해를 하고 있거나 자살 생각을 가진 학생이 상담받기를 거부한다면, 개입할 수 있는 다른 방법이 있을까요?

학생이 죽고 싶다고 말할 경우 실제로 죽고 싶은 마음이 있을 수도 있지만, "죽고 싶을 만큼 힘들다."라는 의미를 포함하고 있다. 겉으로는 괜찮아 보인다고, 잘 웃는다고 학생의 문제해결에 손을 놓아서는 안 된다. 학생의 심리적 문제가 해결될 수 있도록 상담, 병원 진료, 가정환경 및 보호자 양육태도의 변화 등 종합적인 개입이 필요하다.

전문상담교사는 자해와 자살 관련 학생과 관계의 끈을 계속 이어 나가는 것이 중요하다. 학생이 상담을 거부한다면, 학생이 좋아하는 활동, 운동 등의 프로그램을 실행하는 것도 좋다.

위기 상황에 대처하기 위해 자해와 자살 관련 전문기관과 정신건강의학과 의사의 교육과 자문을 받는 것도 도움이 된다.

상담을 거부할 때 단계적으로 접근하기

학교에서 전문상담교사로 일하면서 가장 난감했던 상황은 자해나 자살 생각을 심각하게 하고 있는 학생이 학교 상담실에서 상담을 받지 않겠다고 거부했을 때였다. 교육부 지침상 자해나 자살 관련 학생은 심각도에 따라 다르지만 학교상담이나 외부 상담기관 연계, 생명사랑센터 의뢰, 정신건강의학과 진료를 권유해야 한다. 처음에 보호자는 학교상담에 동의했다가 학생이 학교상담을 거부하니 학생이 싫어한다며 받지 않겠다고 했다. 외부 상담기관이나 병원 진료도 학생과 보호자 모두 거부했다.

자해와 자살 생각을 하고 있는 학생과 전문상담교사가 친밀한 관계를 맺고 상담실에 오는 것을 편하게 생각할 수 있도록 하는 것이 좋은 대처인 줄 알지만, 현실은 '힘들었다.'라는 말로 표현이 다 안 될 정도로 굉장히 어렵고 힘들었다. 나의 경험에 한정될 수 있지만, 심각한 자해나 우울일수록 학생과 보호자가 상담 및 병원 진료에 더 방어적으로 거부했다. 위기 상황에 있는 학생과 보호자가 상담과 병원 진료를 단호하게 거부하면, 열리지 않는 두껍고 단단하고 커다란 철문을 계속 두드리는 것 같았다. 위기 상황과 관련 없는 일반 상담의 경우, 최선을 다해 설득하되, 보호자와 학생이 상담받기를 거부하면 그 뜻을 받아들이고, 몇 달 후 혹은 다음 학년에라도 상담에 동의하기를 바라며 담임교사가 교실에서 지속적으로 학생을 관찰하고 상담한다. 하지만 자해와 자살 관련 학생은 다르다. 일반 상담과 자해 및 자살 관련 상담은 심각도에서도 큰 차이가 있고, 생명은 끊기면 다시 되돌릴 수 없기 때문이다.

위기학생이 상담과 병원 진료를 거부할 경우, 지금 학교가 대처할 수 있는 방안을 준비하여 단계적으로 접근해야 한다. 처음에는 담임교사와 전문상담교사가 보호자와 우호적인 관계를 맺으며 상담과 병원 진료를 지속적으로 권유한다. 어떤 경우는 권유할수록 더욱 거부하여 아예 연락과 대화도 되지 않았다. 담임교사와 전문상담교사 선에서 안 되면 위기관리위원회 위원 또는 교감선생님, 교장선생님께서 보호자와 대면하여 상담과 병원 진료를 권유하였다. 그래도 보호자와 학생이 거부할 경우, 보호자에게 '가정에서 학생의 정신건강을 위해 할 수 있는 대안'을 묻고, 기록으로 남겨두기도 했다. 그럼에도 학생의 상태가 심각해진다면 아동학대로 신고해야 한다. 이때 중요한 것은 이 모든 과정을 기록으로 남겨 둔다.

상담을 거부하는 학생과 친해지기

힘들었지만 어렵사리 진행했던 사례를 열어보고자 한다. 자해와 자살 관련 학생이 스스로 상담실에 오는 경우가 많지 않기 때문에 담임교사에게 학생이 상담실에 올 수 있도록 도와주시길 부탁드렸다. 처음에는 담임교사와 함께 상담실에 방문했고, 다음부터는 학생 혼자 상담실에 왔다.[26] 하지만 성인에 대한 적대감을 가지고 있어서 그런지, 전문상담교사와 단둘이 있는 것을 불편하고 어색해 했다. "○○아. 선생

---

26) 이렇게 상담실에 오는 것만 해도 다행이다. 아예 상담실에 오는 것조차 거부하는 굉장히 방어적인 학생도 많다.

님과 단둘이 있는 게 힘들면 다음에는 친구들과 함께 놀러 와."라고 했더니 다음 상담시간에 친한 친구들을 데리고 편하게 왔다. 다행이다 싶어서 친한 친구들과 함께 보드게임이나 그림, 점토활동을 하려고 시도했다. 사실 뭐라도 같이 하자고 내가 절절 매는 모양새였다. 학생들은 나와의 활동보다 핸드폰을 하는 데 집중했고, 나는 학생들이 핸드폰 할 때 배고플까 봐 예쁜 접시에 간식을 차려 주고, 예쁜 컵에 핫초코를 타서 서빙하였다. 그리고 나도 아무 말 없이 핸드폰을 하면서 학생들 옆에 앉아있었다. 평소 때 자기들끼리 하던 욕을 쓰면서 내 눈치를 보기도 했다. 지금 상황에서는 학생들이 바른 말을 쓰도록 교육하는 것보다 학생들과 친밀한 관계를 형성하는 게 먼저라고 생각해서 욕을 써도 못 들은 척하거나 같이 농담했다. 내가 자신들의 문화를 수용해 준다고 느꼈는지, 더 편하게 이야기하기 시작했다. 다행스럽게도 자신들이 어느 정도로 자해와 자살을 생각하고 있는지 말해 주었고, 자신들이 보던 영상들을 나에게도 보여 줬다. 그 영상은 내가 보기 힘들 정도로 심각한 영상이었다. 그날 학생들과의 만남을 통해 심각성의 정도를 알 수 있었고, 이제 내가 무엇을 해야 하는지 정리가 되었다.

자살 예방을 위한 환경 조성하기

첫째, 자살을 예방할 수 있는 환경을 조성해야 했다. 우리 학교와 인근 학교에 옥상 관리를 철저히 하도록 행정실과 협의했다. 또한 학교

인근에 위치한 모든 아파트에 옥상 관리에 대해 협조를 구했다. 알아보니 주택건설기준 법률상 화재 발생 시 인명피해를 줄이기 위해 옥상의 문을 열어 두어야 한다고 되어 있었다. 각 아파트의 옥상 관리 상황은 모르지만, 학생의 안전을 위해 옥상 관리에 주의를 기울여 줄 것을 간절히 요청하는 공문을 작성하여 결재를 받았다. 인근 아파트 관리사무소에 전화해서 상황 설명을 하고 팩스를 보냈고, 팩스가 없는 곳은 직접 찾아가서 말씀을 드리며 협조를 구했다. 다행히 모두 협조적으로 받아 주셨다. 최근에 지어진 아파트들은 화재 시 자동개폐장치가 설치되어 있어 평소에는 옥상을 잠가 둔다고 하셨고, 자동개폐장치가 되어 있지 않은 곳은 경비원분들께서 정해진 시간마다 순찰을 도는데 더 강화하겠다고 말씀해 주셔서 정말 감사했다.

상담 대신 학생이 좋아하는 활동하기

둘째, 나와의 만남에서 의미 있는 상담이 이루어지지 않더라도, 학생들과 친밀한 관계의 끈을 계속 유지하고 있어야겠다고 생각했다. 학생들과 어느 정도 친해졌다고 여겨져서 상담적인 접근으로 다가가면 학생들은 세 발짝씩 물러났다. 자해 및 자살 관련한 내용과 자신들의 고민, 심리적 어려움과 관련된 이야기 자체를 말하지 않으려고 했다. 학생들과 한 발짝 가까워졌다가 세 발짝씩 멀어지는 상황을 반복하다 보니 친밀한 관계를 유지하는 것만으로도 감사하게 되었다. 지침에 따라 보호자의 동의를 받고 학생들을 생명사랑센터에 연계했더니 상담사와 임상심리사가 본교 상담실로 방문해서 담임교사, 보호자, 학생 순서로 상담을 했다. 이로 인해 학생들은 내게서 열 발자국 멀어졌다. 상담을 거부했던 학생들은, 50분 동안 상담한 것에 대해 화가 나서, 나와 연결되던 앱도 차단하고, 점심시간에 놀러 오던 상담실에도 잘 오지 않았다.

하지만 전문상담교사로서 위기 상황에 있는 학생들을 위해 아무것도 안 할 수는 없었다. 담임선생님들이 학생들의 자해 징후를 관찰하고 지도하며 고생하고 있었기에, 상담실에서도 학생들과 연결된 끈은 가지고 있어야겠다고 생각했다. 깊은 고민 끝에 학생들과의 끈이 꼭 상담이 아니어도 된다는 생각이 들었다. 상담을 원하지 않는다면, 상담실에서 학생들이 좋아하는 활동을 하면서 상담실에 대한 긍정적인 느낌을 가지게 하는 것도 도움이 될 거라 생각했다. 자해 및 자살 관련 학생 중에 결석하는 학생도 있었기에 심리적인 문제로 학업 중단하는 것을 예방하는 목적으로 '학업중단숙려제 뉴스타트 프로그램'을 실시하였다. 대상 학생들에게 좋아하는 것을 물어보고 선호하는 활동을 파악했다. 그것을 바탕으로 화장품, 아로마, 원목, 패브릭을 이용한 만들기 강사와 복싱강사를 섭외하여 만들기와 복싱을 격주로 배울 수 있는 총 7주의 프로그램을 계획했다. 프로그램을 진행하는 과정 중에도 학생들과 순탄치는 않았지만, 상담실과 조금은 가까워지지 않았나 생각한다. 상담을 거부하는 학생이라면, 꼭 상담이 아니더라도 학생이 좋아하는 활동을 통해서 관계를 이어나가는 것 또한 의미가 있다고 생각한다. 다음 학기에는 학생들에게 아무 개입을 하지 않았는데, 점심시간이나 방과 후 시간에 와서 슬쩍 자신의 이야기를 툭툭 던져주었다. 이처럼 학생들과 관계의 끈을 놓지 않으려고 노력한다면, 시간과 인내를 가지고 기다린다면, 학생들은 서서히 마음을 열어 보여 주기도 한다.

학생뿐만 아니라 보호자도 상담하기

셋째, 학생들에게 가장 큰 영향을 주는 보호자와의 상담을 실시했다. 연락이 되지 않는 보호자도 있었지만, 열심히 협조한 보호자도 있었다. 한 보호자는 학생과의 관계를 회복하는 방법과 위기 상황이 발생했을 때 대처하는 방법을 배우고자 5회기의 상담을 꾸준히 참석하셨다. 5회기로 모든 것이 해결되지 않겠지만 학생과 보호자의 관계 역동을 이해하고, 보호자가 구체적인 상황에서 어떻게 행동하고 말해야 할지 코칭하였다. 그리고 학생에게 적절한 관심과 통제를 가지면서 일관적인 양육태도를 가질 수 있도록 연습하는 과정을 거쳤다.

혼자의 힘으로는 할 수 없는 일; 함께 대처하기

넷째, 자해나 자살 관련한 학생을 상담하며 각각의 상황마다 어떻게 대처해야 할지 혼자 혹은 담임교사와 함께 치열하게 고민했다. 학생이 자해 도구인 커터칼을 계속 휴대하고 있고, 커터칼을 뺏어도 다음날 새로 사서 오는 행동이 반복되었다. 나도, 담임교사도 이런 상황에서 우리가 잘 대처하고 있는지 확신할 수 없었다. 그래서 생명사랑센터와 연계하여 정신건강의학과 전문의에게 자문을 받기로 했다. 우리 지역에 있는 정신건강의학과 전문의가 본교로 방문하여, 선생님들의 어려운 점과 위기 상황에서 대처하는 방법을 배우는 시간을 가졌다. 교사들이 학생의 상태를 정신병리적인 측면에서 이해할 수 있도록 전문적인 지식을 전달해 주셨고, 학생에게 끌려다니지 않고 관계를 주도하며 지도할 수 있는 방법을 알려 주셨다. 학생에게 도움을 주려고 애쓰다 보면 교사들이 먼저 지치기 때문에 학교와 가정이 책무성을 함께 가지고 역할을 나눌 수 있도록 자문해 주셨다.

그리고 긴급한 상황에서는 생명사랑센터와 위닥터에서 자문을 받았다. '지금 학생이 이런 행동을 보이고 있는데 어떻게 대처해야 하나요?'라고 급하게 전화해도, 학교에서 교사가 당장 어떻게 대처해야 하는지 구체적이고 현실적으로 알려 줘서 도움을 많이 받았다. 또한 2022년 경상북도교육청, 생명사랑센터, 영남대학교 의료원에서 발간한 「학생 마음건강 매뉴얼」의 내용이 위기 상황에서 어떻게 대응해야 할지 알려 주는 나침반이 되었다.

구체적이고 현실적인 대처교육의 필요성

다섯째, 일반 심리상담과 자해 및 자살 관련 학생을 상담하는 것은 다르다고 느꼈다. 상담 지식도 중요했지만, 자해 및 자살 관련한 상담 경험이 많아야 위기 상황에서 유연하게 대처할 수 있었다. 자해 및 자살 관련한 연수를 여러 차례 이수했기에 잘 대처할 수 있을 줄 알았는데, 실제로 겪어보니 이론과는 많이 달랐고, 현실적인 대처 방법에 대한 지식과 경험이 부족하다고 느꼈다. 자해 및 자살 관련하여 학생마다, 보호자마다, 가정상황마다 양상이 달랐기 때문에 매번 새로운 위기 상황이 나타났고 거기에 늘 현명하게 대처하기 어려웠다. 모든 사안을 공식 대입하듯이 비슷하게 대처할 수 있는 상황이 아니었고, 상황마다 다르게 대응해야 했다. 학생의 위기 상황은 갑자기 찾아왔고, 위기 상황에 맞닥뜨리면 어른이라도 너무 놀라서 몸이 떨리고 머리가 하얘진다. 그래서 전문상담교사, 보호자, 담임교사가 학교 현장에서 일어나는 사례를 바탕으로 실제 상황에서 어떻게 대응해야 할지 구체적으로 배우는 교육이 필요하다고 생각한다.

자해하는 학생을 이해하고 대처하기

자살은 죽으려는 의도를 가지고 자해 행동을 하여 사망하게 되는 것이다. 비자살성 자해는 죽으려는 의도는 없지만, 자신의 신체에 직접적인 해를 가하는 것을 말한다. 자해를 하는 이유는 개인마다 다르고, 다양하다. 현재 느끼는 심리적인 고통을 잊고자 자신의 신체에 고통을 주기도 한다. 자신에 대한 분노, 혐오, 죄책감, 수치심 등을 해소하고자 스스로에게 벌을 주기도 한다. 또는 무기력하고 공허할 때 '자신이 살아있음'을 느끼려고 자해를 시도하기도 한다. 처음에는 경미한 자해로 시작하지만, 점점 자해의 강도는 심해져서 자살로 이어지기도 한다. 따라서 경미한 자해 행동이 발견되었을 때 조기에 상담과 정신건강의학과 진료를 시작해야 한다고 생각한다.

학생이 자해 행동을 한다고 해서 갑작스럽게 태도를 바꾸는 것은 좋지 않다. 갑자기 학생의 요구를 다 들어주어서도 안 되고, 갑자기 단호한 태도를 보여서도 안 된다. 학생의 증세가 심해졌다고 갑자기 많은 것을 허용한다면, 학생은 상대와 상황을 자기가 원하는 대로 조종하거나 원하는 강화를 받기 위해 자해 및 자살 관련 행동을 더 시도할 수도 있다. 그렇다고 심문하듯이 질문하거나 "자해해도 죽지 않는다. 자해는 별 거 아니다."와 같은 강경한 대응을 하지 않도록 주의해야 한다. 자해 행동을 해결하기 위해서는 학교와 가정의 지속적인 노력이 필요하다. '자해를 하면 심각하고, 자해를 안 하면 괜찮아졌다.'라고 생각하기보다 학생의 자해 행동 이면에 있는 심리적인 문제, 가정환경, 보호자를 살펴보고 지속적으로 개입해야 한다.

자해와 자살 생각을 하는 학생들의 공통점은 자신의 어려움에 적절한 관심과 돌봄을 받지 못했고, 자신의 이야기를 충분히 들어주거나 공감받은 경험이 적다. '이야기를 충분히 듣는' 방법은 학생의 이야기를 '중간에 끊지 않고, 평가나 판단하지 않고, 충고하지 않고' 끝까지 귀 기울여 주는 것이다. '감정을 공감하는' 방법은 나의 입장이 아닌 '학생의 입장에서' 감정을 이해해 주는 것이다. 학생을 대하면서, 자해 행동을 하는 심리적인 어려움을 공감하되, 자해 행동이 정당하거나 심리적인 고통으로 인해 당연한 행동이라고 인정해 주어서는 안 된다. 그리고 자해 행동을 하는 학생도 스스로 자책하고 있기 때문에, 문제행동을 보이는 학생으로 대하지 않도록 주의해야 한다. 상담을 통해 자신이 소중한 사람인 것을 계속 알려 주고, 무조건적인 존중과 수용을 통해 자신의 존재가 이해받고 사랑받는 경험을 할 수 있도록 한다. '나는 가치 없고 필요 없는 존재'라고 생각했던 비합리적인 사고를 인지행동치료를 통해 합리적인 사고로 바꿔줌으로써 감정과 행동도 긍정적으로 변화될 수 있다. 또한 자해하고 싶은 생각이 들 때마다 사회적으로 수용 가능한 대안 행동을 설정하여 학생의 감정을 안전하게 해결할 수 있도록 도와줄 수 있다.

자해 및 자살 관련하여 이토록 우리가 모두 열심을 쏟는 이유는 우리에겐 시간을 되돌릴 수 있는 능력이 없다. 그래서 자살도 되돌릴 수 없다. 학생에게도, 보호자에게도, 교사에게도 다시 기회가 없다. 그래서 사고가 일어나기 전, 학생의 상황을 인지했을 때 심각한 상황을 막고자 더 간절한 마음을 가지고 임하게 된다.

4

학교에서 자해를 하는 긴급한 상황일 때, 어떻게 대처해야 할까요?

> 학교에서 위기 상황이 발생했을 경우 보호자에게 연락하여 바로 병원 진료를 받거나 함께 가정으로 귀가할 수 있도록 한다.
>
> 긴급한 위기 상황일 때는 가정이나 학교에서 학생을 절대 혼자 두지 않는다. 학생이 괜찮아졌다고 해도 믿지 말고, 보호자가 학생의 상태를 임의적으로 판단하지 말고, 오로지 정신건강의학과의 의사와 상담자의 소견을 믿는다.
>
> 위기 상황에서 어떻게 대비해야 할지 유관기관에 협조를 구해 교육과 자문을 받고, 가정과 학교의 역할을 구체적으로 협의한다.

　학생이 자해나 자살을 시도하는 상황은 갑작스럽게 찾아왔다. 학생이 가정이나 학교에서 어떤 상황들을 경험하는지, 마음속에서는 어떤 역동이 일어나는지 모르기 때문에 예상을 할 수도 없었다. 머릿속으로 내가 어떻게 대처해야 할지 떠올랐지만, 다리가 후들거렸다. 내가 긴장한 것을 학생에게 티 내지 않기 위해 최대한 침착하게 말하고 행동했다.

학생을 절대 혼자 두지 마세요

 학교에서 자해를 했다면 먼저 신체 피해 정도를 확인해야 한다. 경미하다면 보건실에서 치료를 받고 보건실과 상담실 등의 장소에서 안정을 취하도록 하되, 학생이 절대 혼자 있지 않도록 해야 한다. 혼자 있는 동안 다른 불상사가 생길 수 있기 때문이다. 학생이 상담실에 왔을 경우, 차분하고 침착하게 자해와 관련된 상황이나 이유에 대해 대화한다. 학생의 입장에서 충분히 경청하고 공감하며, 비언어적인 의사표현인 얼굴 표정이나 자세, 행동을 통해 학생을 파악한다. 이후 보호자에게 학생의 상태를 전해야 하며, 담임교사나 교감선생님, 교장선생님께 보고 및 협의를 해야 한다. 위기 상황이 발생하면 전문상담교사가 관련 사람들에게 보고 및 협의를 해야 하는데 학생을 혼자 상담실에 둘 수도 없고 그렇다고 상담실에 있는 학생 앞에서 이야기를 나눌 수도 없다. 이런 상황에 대비하여 위기관리위원회 회의를 통해 미리 역할을 분담해 놓는 것이 좋다. 학생이 원한다면 보건실에서 안정을 취하게 하거나, 원치 않는다면 현재 상황을 인지하고 있는 다른 교직원이 학생과 함께 안정된 분위기에서 상담실에 있도록 조치를 취해야 한다.

 자해로 심한 신체 피해를 입었을 경우 바로 병원으로 호송하여 치료를 받도록 한다. 자해와 자살을 호소하는 정도가 응급상황이라고 판단된다면, 보호자에게 연락하여 바로 정신건강의학과 진료를 받도록 권유하고, 보호자와 함께 가정으로 귀가하도록 한다. 귀가하기 전에 전문상담교사가 보호자와 상담하면서, 가정에서 학생에게 어떻게 반응해야 할지 알려 주는 것이 좋다. 보호자도 지금 상황이 놀랍고 당황스러워 집에 가서 학생에게 "왜 그랬냐."라며 혼내고 이유를 추궁할 수도 있는데 절대 그렇게 행동하지 않도록 단호하게 말씀드려야 한다. 보호자는 학생이 신체적·정서적인 안정을 취할 수 있도록 가정환경을 조성하고 가정에서도 학생을 절대 혼자 두지 않아야 한다. 보호자의 눈에 학생이 괜찮아 보이고, 학생도 자신이 괜찮다고 말하더라도, 괜찮다고 여겨서는 안 된다. 자해나 자살 시도는 예측하지 못한 상황에 다시 찾아온다. 자해 및 자살 관련 징후는 정신건강과 관련된 질병과 연관이 높기 때문에 지속적으로 정신건강의학과의 진료와 상담을 받아야 한다. 학생의 괜찮다는 말을 믿지 말고, 보호자가 임의적으로 판단하지 말고, 정신건강의학과 의사와 상담자 등 전문가의 소견에 따르는 것이 좋다.

하지만 내가 겪는 현실은 안타까웠다. 자해 및 자살 관련 위기 상황이 발생한 후 보호자에게 정신건강의학과 진료를 권하면 "생각해 보겠다." 말하고 가지 않는 경우가 많았다. 지금 사춘기여서 그렇다고 여기시거나, 그냥 집에서 잘해 주면 달라질 거라 여기셨다.

가정과 학교가 구체적으로 역할 나누기

담임교사와 내가 매일 관찰하며 촉각을 세우던 학생이 있었는데 어느 날 결석했다. 전에도 늦게 오는 날이 있긴 했지만 이렇게 늦고, 연락이 안 되는 날은 없었다. 보호자와도 연락이 되지 않아서 혹시 학생이 혼자 집에 있으면서 사고가 날까 봐 걱정되었다. 교감선생님과 교장선생님께 보고드리고, 담임교사와 함께 관내 출장으로 복무를 상신하고 학생 집으로 갔다. 벨을 누르자 현관문에 있는 렌즈로 집에 찾아온 사람이 누구인지 확인하는 인기척이 났다. 우리인지 확인한 후에 현관 앞에서 서성이는 소리가 들려서 학생이 집에 있음을 인지했다. "학교에 가지 않아도 되고, 나와서 말하지 않아도 되니 얼굴만 확인하고 가겠다."라는 우리의 사정에도 문을 열어 주지 않았다. 현관문을 부여잡고 간청한 지 30분이 지나서, 학생이 현관문을 조금 열었다가 닫으려는 찰나에 내가 발을 끼워 넣어 못 닫게 했다. 집안을 들여다보진 않고 발만 끼운 채 학생이 현관문 밖으로 나오도록 유도했다. 허락도 받지 않고 갑자기 가정에 들어가면 학생에게 부담이 된다고 생각했기 때문이다. 결국 현관문 밖으로 나왔고, 나와서도 말은 하지 않았지만 여러 설득 끝에 가방을 메고 함께 학교로 갔다. 학생이 "내가 학교에 늦게 온 것을 다른 학생들이 아는 게 싫어요."라고 담임교사에게 작은 소리로 말해서 아침에 병원 갔다가 학교에 늦게 온 것으로 하기로 약속했다. 학생의 안전을 확인했지만, 담임교사와 나는 긴장으로 인해 온몸이 땀으로 젖고, 정신적으로 큰 부담을 느꼈다. 이대로는 안 된다는 생각이 들었고, 새로운 대책이 필요했다.

자해와 자살 관련한 상황에서 학교가 학생을 위한다고 너무 많은 일을 하려고 하면, 위와 같은 상황처럼 관련 교사들의 정신적 부담이 가중된다. 따라서 가정과 학교가 학생에게 함께 개입할 수 있는 환경을 조성해야 한다. 학생은 하루의 24시간 중 최대 6시간을 학교에 있고 그 외에는 학원에 가며 가장 많은 시간을 가정에 머물고 있다. 또한 주말과 방학에는 가정에서 지내기 때문에 가정과 학교가 함께 협력하는 것은 필수이다. 특히 자해 및 자살 관련 학생의 지각과 결석이 잦아진다면, 학교에서 보호자와 대면상담을 하면서 여러 가지 상황에 대비하여 학교와 가정의 역할, 개입 정도에 대해 구체적으로 협의하는 것이 좋다. 예를 들면, 다음과 같은 내용이다.

「학생이 개인 사정으로 결석하게 되면 보호자는 미리 담임교사에게 연락한다. 학생이 몸이 아파서 결석하게 되면, 학생의 심리 상태도 파악하여 가정에 누군가와 함께 있도록 한다. 학생이 보호자도 모르게 결석하고 학교와 연락이 되지 않는다면, 보호자가 근무 중에라도 집으로 가서 학생의 안전을 확인하고 학교로 연락하여야 한다. 보호자의 사정이 여의치 않는다면 이런 상황에 집에 방문할 친척이나 이웃을 미리 지정하고 약속해 둔다.」

가정과 학교의 역할을 나누는 것은 학교가 책임을 지지 않으려는 것이 아니라, 학교가 할 수 있는 역할은 학교가 하고, 가정이 할 수 있는 역할은 가정이 하도록 함께 협의하는 과정이다. 담임교사는 학급 전체를 운영하고 다른 학생들도 교육해야 한다. 위기 상황의 특정 학생에게 계속 주의를 기울이다 보면, 학급 내 다른 학생을 교육하고 지도하는 데도 부정적인 영향을 끼칠 수 있고 정서적으로 소진될 가능성이 높다. 가정과 학교가 각자 역할을 정해서 협력해야, 서로가 지치지 않고 학생을 안전하고 건강하게 끝까지 돌볼 수 있다.

그 해에 담임교사도, 나도 많이 지쳤다. 여름인데 학생이 갑자기 긴팔을 입고 오면 혹시 자해한 상처가 있을까 긴장해서 관찰해야 했고, 안 쓰던 모자와 마스크를 써도 신경이 쓰였다. 그때 우리가 할 수 있는 최선의 일들을 했다고 생각한다. 그렇게 고생한 후 다음 해가 되니, 이제 뭐든지 할 수 있겠다는 마음이 들었지만, 여전히 새로운 위기 상황이 오면 '이건 또 어떻게 해결하지?'라는 생각에 답답하고 어렵다. 전문상담교사는 학교에서 근무하면서 자해 및 자살 관련 사안을 경험하는 것이 필연적이지만, 그런 일이 생기지 않게 미리 대처할 수 있다. 학생에게 심리적인 문제가 생겼을 때 보호자와 학생이 동의하여 상담과 치료로 조기에 개입할 수 있다. 그리고 주기적이고 지속적인 상담과 치료를 해서 자해와 자살로 이어지지 않도록 예방할 수 있다. 다시 한번 말씀드리자면, 학교상담의 목적은 '예방'이다.

5장

초등학교에서
외국인 학생 상담하기

1

처음부터 외국인 학생을
편하게 대할 수는 없었어요.

> 학교가 낯설다는 공통점에 외국인 학생에게 동질감을 느꼈고, 외국인 학생
> 과 보호자를 원망할 때도 있었으며, 외국인 학생을 위한 심리적 지원체계가
> 부족한 것에 대해 안타까움도 느꼈다.
> 이제는 한국인 학생이든, 외국인 학생이든 다 같은 나의 학생으로 받아들이
> 게 되었다.

　다문화 학생의 유형은 국제결혼 가정과 외국인 가정으로 나뉜다. 또, 국제결혼 가정은 국내 출생 자녀와 중도 입국 자녀로 나뉜다. 국내 출생 자녀는 한국인과 결혼 이민자 사이에서 태어나 한국에서 성장한 경우를 말한다. 중도 입국 자녀는 결혼 이민자가 한국인과 재혼한 이후에 본국에서 데려온 경우, 한국인과 결혼 이민자 사이에서 태어났으나 결혼 이민자의 본국에서 성장하다가 입국한 경우를 말한다. 외국인

가정 자녀는 외국인 사이에서 태어난 경우를 말한다.[27] 이 책에서는 주로 외국인 가정 자녀에 대해 말하고자 한다.

출근 첫날, 인사드리러 갔던 교무실에는 전학 온 외국인 학생들과 보호자로 가득 차 있고 정신이 없을 정도로 분주해서 인사도 못 드리고 나올 정도였다. 나중에 알고 보니 이 학교는 다문화 학생 수가 많았고 특히 외국인 학생들이 많아서 이 지역에서 처음으로 전문상담교사가 발령이 난 것 같았다. 내가 발령받았던 첫해, 그 학교에 기하급수적으로 외국인 학생들이 증가했다. 학교에 남은 책상이 없어서 다른 학교에서 받아 오기도 하고, 교과서 수급에도 어려움을 겪었다.

외국인 학생들을 대상으로 상담교육을 해 달라는 요청을 받고 들어간 자리에서 이중언어강사[28]의 통역을 통해 이렇게 말했다. "여러분들은 보호자의 선택으로 한국에 와서 이 학교를 왔고, 이곳에서 말이 통하지 않아서 많이 힘들다는 거 알고 있어요. 선생님도 이 지역과 이 학교가 처음이에요. 여러분에게 이 학교와 동네가 낯선 것처럼 저도 너무 낯설어요. 여러분과 저는 비슷한 것 같아요." 나는 한국말만 쓸 뿐이지 낯선 학교에서 외국인 학생들이 느끼는 것처럼 이방인의 느낌이었다. 그래서 처음에는 외국인 학생들을 보며 '이곳에 나와 비슷한 상황의 학생들이 있다.'라는 생각에 위로를 받기도 했고, 외국인 학생들에게 위로를 주고 싶었다.

---

27) 출처: 중앙다문화교육센터 홈페이지 www.edu4mc.or.kr
28) 학교에서 이중언어강사는 통역 지원 및 한국어 지도 등의 역할을 한다.

그 학교는 다문화・외국인 학생도 많았지만, 한국인 학생 중에서도 상담할 학생이 많았다. 학생만 상담하는 것이 아니라 학생의 보호자도 상담해야 하며, 담임교사와도 학생의 심리적 상태와 변화 상태에 대해 지속적으로 이야기를 나누어야 한다. 주로 오전에는 수업 시간에 상담을 원하는 한국인 학생 및 외국인 학생과의 상담을 진행하고, 오후에는 방과 후에 상담을 원하는 학생과 상담을 했다. 교우 갈등 및 간단한 고민 해결을 위한 단기상담의 경우 점심시간에 했다. 그리고 틈틈이 시간을 내어 보호자 상담을 진행했고 상담 경과에 대해 담임교사와 대화를 나눴다. 이중언어강사의 도움을 받아 외국인 학생의 보호자에게 자녀의 심리적인 상태를 알리며 가정에서 어떤 양육태도를 가지면 좋을지 코칭하기도 했다. 또한 매일 진행한 상담 내용을 상담일지에 기록으로 남겨 두어야 했다. 하지만 상담 건수가 많다 보니, 상담일지 기록하는 일이 상담 건수를 따라가지 못했다.

그 학교 2년 차 때였다. 이미 상담자로서 소진은 겪었고, 가진 힘을 짜내서 일하던 시기였다. 외국인 학생을 상담하느라 시간이 없어서, 한국인 학생의 상담시간을 잡지도 못하고 대기하는 상황이 여러 번 있었다. 지금 생각해보면 흥선대원군은 저리 가라 할 정도의 폐쇄적인 생각이었지만, 현실적으로 고민이 생기기 시작했다. 학교에서는 외국인 학생을 위해 생활지도, 한국어 수업, 상담 등 다양한 지원을 하는데 정작 외국인 학생의 가정에서는 자녀를 위해 노력하지 않는 것 같다[29]는 생각에 불만이 쌓이기 시작했다.

지속적으로 다른 학생들에게 욕하고 괴롭히는 행동을 해서 다른 학생들이 무서워하는 외국인 학생이 있었다. 그 학생이 또 수업시간에 문제행동을 일으켜 상담실에 오게 되었다. 전에도 반복되는 문제행동에 대해 여러 회기에 거쳐 상담을 진행했었다. 평소에는 반응이 없던 그 학생이 그날따라 갑자기 상담에 적극적으로 임하며 앞으로 문제행동을 절대로 하지 않겠다고 했다. 나는 너무 기뻐서 학생에게 적극적인 격려와 지지를 보냈고, 학생에게 바꾸고 싶은 행동을 종이에 구체적으로 적어보자고 하자 열심히 적었다. 그런데 통역하는 이중언어강사의 표정이 계속 좋지 않았고, 이 학생이 지금 상담선생님을 조롱하며 일부러 놀리고 있다고 조용히 말씀해 주셨다. 외국인 학생을 상담할 때는 언어가 전혀 통하지 않았고, 심지어 비언어적 의사표현인 얼굴 표정과 태도를 봐도 이게 진심인지 아닌지 파악하기 어려웠다. 그래서 이 학생이 나를 놀리고 있는지도 모르고, 앞으로 잘하겠다는 다짐에 기뻐하고 박수도 치며 칭찬했던 것이다. 이중언어강사가 그 학생을 모국어로 혼내도, 반성 없이 여전히 당당한 태도를 보였다. 나는 심한 모멸감을 느끼고 학생을 단호하게 혼냈다. 다음 날 그 학생의 보호자가 학교로 찾아와 "상담선생님이 학생에게 잘해 줘야지 왜 혼내냐?"

---

29) 지금은 보호자들의 양육 세대가 바뀌어, 자녀 양육에 관심과 노력을 다하는 외국인 보호자가 늘어났다.

며 따지셨고, 우리는 있었던 상황들을 설명했다. 보호자는 그 상황을 알고 있다고 말하면서도, 학생의 잘못은 인정하지 않고 왜 상담선생님이 학생을 혼내냐며 계속 사과를 요구했다. 내가 잘못한 부분이 있다면 사과를 했을 테지만 끝까지 사과하지 않았다. 내가 잘못하지 않은 일을 인정하면 안 된다고 생각했다. 난 그 학생에게 늘 진심으로 대했고, 최선을 다했었다. 그 학생뿐만 아니라 다른 학생이라도 잘못한 행동을 하고, 타인에게 피해를 준다면 훈육도 하는 것이 전문상담교사의 역할이라 생각했다. 나는 끝까지 사과하지 않았고 평소에도 생활지도에 적극적으로 임하셨던 교감선생님께서 잘 마무리해 주셨다. 나중에 교감선생님께 죄송하고 감사한 마음을 말씀드리니 "선생님이 오죽하면 그랬겠냐."라며 위로해 주셨다.

이 상황을 겪으며 나의 고민은 더 커졌다. 한국인 학생도 상담할 학생들이 많은데, 외국인 학생까지 상담해야 하는지에 대한 고민이 풀리지 않았다. 그리고 학교에서는 선생님들이 스스로를 갈아 가며 최선을 다하고 있는데, 외국인 보호자들은 자녀 양육에 노력하지 않는 것 같아서 가정에 책무성을 부여할 수 있는 방법을 찾고 싶었다. 이 고민을 해결하기 위해 다문화와 관련된 연수가 있으면 먼 거리여도 찾아가서 듣고, 다문화 전문가들에게 질문하기도 했다. 하지만 어디에서도 해결책을 들을 수 없었다. 우리 학교처럼 외국인 학생이 많은 상황은 특수한 경우였기 때문이다. 어느 강사와 전문가도 학교에서 이렇게 많은 외국인 학생을 대상으로 상담한 경험이 없었기 때문에, 이론적으로는 들을 수 있었지만 현실적으로 도움이 될 만한 이야기는 듣지 못했다. 그래서 다문화 학생과 관련된 지침을 찾아보기 시작했다. 그중에 「UN아동권리협약」[30]을 보며 "아동의 교육 받을 권리를 인정하며 기회균등에 근거하여 …(중략) 초등교육은 모든 사람에게 의무적이고 무상으로 제공되어야 한다."라는 부분에서 견고했던 내 아집이 스르르 무너졌다. '나도 어디선가는 약자였던 적이 있지 않았나?'라는 깨달음과 후회가 한꺼번에 몰려왔다. '강자인 척' 나 자신이 한국인 학생과 외국인 학생을 나눠서 생각하는 것 자체가 악덕 사장님이 된 것처럼 부끄러웠다.

이제 내 머리에서 이해되었기 때문에, 내가 외국인 학생을 상담하지 않을 이유가 없었다. 현실적으로 한국인 학생과 외국인 학생을 모두 내가 감당할 수 없기에 학생을 의뢰할 수 있는 외부 상담기관을 찾기 시작했다. 일단 상담 인원이 많은 외국인 학생의 심리상담을 의뢰할 수 있는 외부 상담기관을 알아보기 시작했다. 지역에서 외국인 학생을 대상으로 심리상담을 하는 학교는 우리가 처음이라 외부 상담기관에서는 외국인 학생을 의뢰하면 받아 주기 어렵다고 했다.[31] 다문화가족지원센터(현재는 가족센터)에 연락하여 심리상담이 필요한 외국인 학생이 많은데 의뢰하고 싶다고 하자, 정책상 다문화 학생 부모님 중 한 명은 한국인이어야 지원해 줄 수 있다고 했다. 내가 상담하는 다문화 학생의 대부분은 부모님 두 분 다 외국인이어서 의뢰할 수 없었

---

30) 출처: 국제아동인권센터
31) 지금은 통역사를 동반하면 외국인 학생의 상담 의뢰를 받아 주는 곳도 있다고 한다.

다. 그렇다면 외국인 관련 센터에서는 지원받을 수 있지 않을까 해서 우리 지역에 있는 외국인 관련 센터마다 다 전화했다. 외국인 근로자의 노동법과 관련해서 상담하고 지원해 줄 수 있지만, 외국인 근로자 자녀를 위한 심리상담 지원은 어렵다고 했다. 내가 할 수 있는 방법은 다 찾아보았고, 이제 방법은 하나밖에 남지 않았다. 내가 다 감당하는 것이었다.

나는 생각도 많고 미련도 많은 편이지만, 결정한 이후에 행동은 간결하고 빠르다. 그냥 '이 외국인 학생들도 한국인 학생들과 같은 내 학생이다.'라고 생각하니 더 이상의 고민은 없었다. '외국인 학생이나 보호자도 타국에 와서 지금 최선을 다하고 있는 거구나.' 이해하는 마음이 생겨났다[32]. 그 학교 5년 차 때는 외국인 학생들을 상담할 때 가끔 눈물이 났다. 보호자의 선택으로 타국에 와서 지내는 학생들이 느끼는 세상은 얼마나 무서울까. 보호자를 따라 타국에 왔는데, 보호자의 무관심으로 세상에 혼자 남겨진 기분을 느끼는 학생들에게 "그래도 너는 소중해."라는 마음을 상담으로 전했다.

타지로 발령받은 나는, 타국에 온 외국인 학생들에게 동질감을 느꼈고, 외국인 학생과 보호자를 원망할 때도 있었으며, 외국인 학생을 위한 심리적 지원체계가 부족한 것에 대해 안타까움도 느꼈다. 그리고

---

32) '~ 생겨났다.'라고 표현하는 건, 내가 주체가 되어 이해를 '한' 것이 아니라, 내가 스스로 하지 못하고 다른 누군가의 힘으로 이해가 '되었기' 때문이다. 즉, 내가 인식이 높아서 이해한 것은 아니다.

국적을 떠나 인간 대 인간으로서, 외국인 학생들이 짊어지고 있는 인생의 무게가 너무 무거워 마음이 아팠다. 나는 운이 좋게 다문화 시대를 받아들일 수 있는 계기를 조금 일찍 만났다고 생각한다.

외국인 학생의 상담이 중요하다고
생각하게 된 계기가 있나요?

외국인 학생은 자신의 언어와 문화가 아닌, 보호자의 선택으로 오게 된 낯선 나라의 언어와 문화를 배워야 하는 상황에 있다. 그들이 만나는 세상은 낯설고 무섭고 두려운 곳일 수 있다.

가정에서 기본적인 돌봄조차 받지 못하는 경우도 있고, 심리적 어려움을 겪고 있는 외국인 학생도 생각보다 많다.

외국인 학생의 가정환경을 파악하여 상담개입을 해야 하며, 외국인 보호자와의 상담이 학생에게 긍정적인 영향을 미친다.

나의 나쁜 점은 자살 생각을 많이 하는 것

그 학교 첫해에, 다문화 담당선생님께서 상담이 필요한 외국인 학생들을 대상으로 집단상담을 요청하셨다. 대상 학생이 30여 명 정도로 너무 많았고, 1학년에서 6학년까지 나이대가 다양하여 집단상담을 운영하기에는 학생 구성이 적합하지 않았다. 집단상담을 진행할 때 참여

자는 보통 5~6명 정도, 비슷한 나이의 학생, 유사한 호소문제 등을 고려하여 구성한다. 하지만 학교 상황은 '마치 6.25 피난 때 이렇게 몰려들었을까?' 싶을 정도여서 내가 받아들일 수밖에 없었다. 그때 내가 많은 학생들을 대상으로 그나마 할 수 있는 것은 미술활동으로 자신을 표현하는 것이었다. 학생의 미술 작품을 보며, 이중언어강사의 통역을 통해 학생들의 이야기를 한 명씩 듣고 공감하였다. 상담교육이라 하기에도, 집단상담이라 하기에도 많이 부족했지만, 그때 내가 할 수 있는 최선이었다. 자신의 이야기에 귀 기울여 주고 공감받는 경험만으로도 외국인 학생들이 좋아했다.

한국인 학생들도 많이 하는 활동으로, 그날은 외국인 학생들에게 자신의 왼손과 오른손을 색연필로 따라 그리게 하였다. 왼쪽 손가락 5개에는 나의 좋은 점을 적게 하고, 오른쪽 손가락 5개에는 나의 좋지 않은 점을 모국어로 적게 했다. 이중언어강사가 학생들이 적은 것을 나에게 통역해 주면, 내가 학생에게 공감과 격려하는 말을 하였고, 다시 내 말을 통역하여 학생에게 전달해 주었다. 외국인 학생들은 모국어로 이해받는 경험이 적었기 때문에 너도나도 손을 들며 자신의 미술 작품을 먼저 봐주길 원했다. 그러다가 고학년 학생의 미술 작품을 보고 이중언어강사가 갑자기 당황하며 귓속말로 "선생님. 나의 좋지 않은 점에 나는 자살하고 싶은 생각을 자주 한다고 적혀 있어요."라고 말해 주셨다. 그 학생이 적은 내용을 다른 학생들이 보면 해석할 수 있었기에 못 보도록 주의를 돌려야 했다. 이중언어강사님께 "알겠어요. 선생님. 다른 학생들이 알아볼 수 있으니 조용히 넘어가요. 하지만 이 학생의 이름을 선생님께서 기억해 주세요."라고 말씀드리고 다른 학생으로 넘어갔다. 이후부터 그 학생과 지속적으로 개인상담을 하였다. '겉으로는 괜찮아 보이지만 외국인 학생들이 심리적 어려움을 많이 겪고 있겠다.'라고 생각할 수 있는 계기가 되었다. 시간이 지나면서 지적장애, 경계선 지능으로 의심되는 학생, 심리적 원인으로 인한 말더듬, 틱장애가 의심되는 학생들을 발견할 수 있었고 심각한 우울과 위축, 불안을 느끼며 자살을 생각하는 학생이 생각보다 더 존재하고 있음을 알 수 있었다.

한국인 학생이나 외국인 학생이나 개인의 기질에 따라 정도의 차이가 있을 뿐 감정을 느낀다는 것은 같다. 다만 외국인 학생이 한국인 학생보다 취약할 수밖에 없는데, 가장 큰 원인은 환경이다. 자신의 언어와 문화를 사용하는 환경에 거주하는 학생과, 다른 나라의 언어와 문화를 사용할 수밖에 없는 환경에 거주하는 학생은 정서적으로 차이가 있을 것으로 보인다.

본국에 혼자 남겨진 학생

외국인 학생을 상담하면서 알게 된 것은, 부모님이 한국으로 이주할 때, 처음부터 부모님과 함께 한국으로 이주한 학생은 운이 좋은 경우였다. 어떤 학생들은 부모님이 먼저 한국으로 떠나고 본인은 조부모님에게 양육되다가, 부모님이 한국에서 안정적으로 생활하게 된 후에 한국으로 이주한 학생도 있었다. 그 학생들은 대부분 7~9세에 조부모님에게 양육되었고, 그 시기는 학생들이 초등학교에 입학하는 시기라 부모님의 돌봄과 많은 사랑이 필요한 때였다. 물론 조부모님께서 사랑으로 양육해 주셨지만, 세심하지 못했던 경우에는 학생이 조부모님과 친구들보다 핸드폰과 시간을 보낼 때가 많았다. 외국인 부모님의 대부분은 학생에게 최선을 다하지만, 가슴 아픈 경우들을 본 적이 있다. 학생은 초등학교 1학년 때 본국에서 혼자 살았고, 조부모님은 같은 동네에 사시면서 가끔 오셔서 학생의 식사와 빨래를 챙겨 주셨다고 했다. 한국에 있는 부모님과 연락하면서 한국에 가서 부모님과 함께 살고 싶다고 여러 번 말했지만 이루어지지 않았다. 그렇게 몇 년을 지내다가 '드디어' 부모님의 부름을 받고 한국에 오는데, 부모님은 부모님 나름대로 한국 사회에 적응하여 그들만의 삶의 양식이 있었고, 학생은 끼어들 틈이 없었다. 그 학생은 심각한 심리적 어려움을 겪고 있었는데, 상담하면서 살펴보니 본국에 혼자 살 때부터 시작되었다고 했다. 특히 내가 상담한 외국인 학생들 중에는 부모님이 먼저 한국에 가고, 혼자 본국에 남아서 심리적 어려움을 겪게 된 학생들이 높은 비율을 차지했다.

외국인 학생의 가정환경 탐색하기

외국인 학생의 보호자는 한국에서 어느 정도의 소득을 벌었지만, 외국인 학생은 필통에 연필 한 자루나 공책이 없었고, 추운 날씨에 양말을 신지 않고 등교하는 경우도 있었으며, 실내화와 실외화의 구분이 없었다. 경제적으로 어려워서 그런 것은 아니었다. 보호자들은 거주지와 멀리 떨어진 공장에 다녔기 때문에, 회사 셔틀버스를 타기 위해 아침 7시 전에 출근하고 저녁 늦게 퇴근해서, 학생을 챙겨 줄 여유와 의지가 없는 것 같았다.[33] 외국인 학생 중에도 1학년이지만 아침에 혼자 일어나 학교에 오는 경우도 있었고, 고학년인데도 혼자 일어나지 못해서 지각과 결석을 하는 경우도 있었다. 그래서 담임교사들은 아침에 지각과 결석한 외국인 학생의 보호자에게 연락하느라 분주했다. 야간 근무를 해야 높은 급여를 받을 수 있기에 보호자가 두 명일 경우 번갈아 가며 주·야간 근무를 했지만, 보호자가 한 명일 경우 야간 근무를 할 때는 밤에 혼자 집에 있어야 하는 외국인 학생들도 있었다.

그래서 외국인 학생과 처음 상담할 때는, 집에서 누구와 함께 사는지, 방은 몇 개이며 잘 때는 누구와 함께 자는지, 보호자의 출·퇴근 시간은 언제이며 야간 근무와 주말 근무를 하는지, 보호자가 야간 근무를 할 때는 어떻게 지내는지, 보호자가 퇴근한 후의 저녁과 주말에는 어떻게 시간을 보내는지, 아침밥과 저녁밥은 어떻게 챙겨 먹는지, 학교에서 급식은 얼마만큼 먹는지, 한국 음식은 어느 정도 먹을 수 있는지, 함께 사는 삼촌은 친삼촌인지 보호자의 애인인지, 함께 사는 할머니는 친척

---

33) 일부 외국인 보호자의 이야기다. 대부분의 외국인 보호자는 최선을 다해 자녀를 돌보고 있다.

할머니인지 친할머니인지, 함께 사는 형은 친형인지 친척 형인지, 부모님과 학생은 각각 언제 한국에 왔는지 등을 물어보았다. 이 질문들은 외국인 학생을 상담하고 심리상태를 파악하는 데 큰 도움이 되었다. 이 내용들은 여러 경험들이 쌓여야만 할 수 있는 질문이었다.

외국인 학생의 문제행동을 이중언어강사를 통해 보호자에게 전달하면 "우리도 알고 있어요. 우리도 관심을 주고 있어요. 대화를 많이 하고 있어요."라며 대답이 대체적으로 비슷했다. "가정에서 학생에게 이렇게 지도를 해 주시면 좋겠다." 혹은 "이런 것을 챙겨 주시면 좋겠다."라고 말하면 "우리는 일이 늦게 끝나요. 주말에도 일해요. 바빠요."라는 대답을 듣는다. 학생을 교육하고 돌보는 것은 비단 학교만의 역할은 아닌데 아쉬운 마음이 들었다. 그렇게 생각한 이유가 담임교사들이 외국인 학생의 보호자에게 주로 연락하는 내용도 "필통에 학용품이 없어요. 학용품 챙겨 주세요. 준비물 챙겨 주세요. 추운데 양말 신겨서 보내 주세요. 추운데 두꺼운 옷 입혀서 보내 주세요. 학생이 감기에 걸린 지 오래된 것 같은데 꼭 병원에 데려가 주세요." 이렇게 기본적인 양육이 되지 않아서 하는 연락이 많았다. 외국인 학생이 많이 아프다고 연락하면 병원에 데리고 가는 보호자도 있지만, 증세가 나아질 때까지 학교 결석을 시키는 보호자도 있다는 것을 우리는 알고 있었다. 학생을 데리고 병원에 가려면 근무시간을 채우지 못해서 월급이 줄어들기 때문이라는 것도.

말이 통하지 않아도, 마음은 전달할 수 있다

어떤 외국인 학생이 피부 질환을 오래 앓고 있었고 무척 괴로워 보였다. 담임교사가 보호자에게 병원 치료를 받아야 한다고 여러 번 연락했지만, 치료받은 흔적은 보이지 않았다. 피부 질환이 오래 방치되고 있었고 심리적 문제도 있어서 보호자에게 대면상담을 요청했는데, 돌도 지나지 않은 어린 아기를 업고 오셨다. 보호자도 학생을 병원에 데려가고 싶지만 다른 보호자가 돈을 주지 않는다고 하셨다. 그래서 학생 앞에서 돈 문제로 자주 다퉈서 갈등도 심한 것으로 보였다. 얼굴 맞대고 이야기하지 않았으면 몰랐을 상황이었다. 원래 이렇게 하지 않지만, 외국인 학생의 상태가 워낙 좋지 않았기 때문에 이중언어강사가 보호자와 학생을 데리고 가서 병원 진료를 받았다.[34] 병원비는 사랑이 많으셨던 담임교사께서 이중언어강사를 통해 대신 지불하셨다. 진료를 받은 외국인 학생의 신체 상태는 호전되었고, 감정이 없어 보였던 학생이 상담할 때 언어적·비언어적 반응도 더 많아졌다. 다시 외국인 학생의 보호자와 대면상담을 했는데, 보호자가 학생에게 더 관심을 가지고 양육하는 것을 느낄 수 있었다. 자녀를 키울 때는 급하게 돈이 필요할 때가 있으니 그때 쓰시라며 봉투에 현금을 챙겨 드리자, 외국인 학생의 보호자께서 많이 우셨다. 돈 때문이 아니라, 타국에서 느끼기

---

34) 외국인들이 병원이나 은행 같은 곳에 갈 때는 말이 잘 통하지 않기 때문에 통역사를 개인적으로 섭외하여 시간당 금액을 지불하고 동행하기도 한다.

힘들었던 따뜻한 마음이 보호자의 마음에 닿았기 때문이라 생각한다.

내가 상담했던 외국인 학생 중에 고학년 여학생들이 자살을 생각하는 비율이 높았다. 갑자기 한국에 오면서 환경이 바뀌게 된 것, 한국에 적응하기 어려운 것, 사춘기의 영향, 가족과의 갈등, 친구와의 문제 등 개인마다 이유는 달랐다. 하지만 자신의 힘든 마음을 말할 곳이 없었다는 것은 같았다. 다행히 담임교사나 이중언어강사의 의뢰로 상담실과 연결되어 마음속 깊은 이야기를 할 수 있었다. 간혹 상담실에 와서 방어적인 태도로 임하는 외국인 학생들도 있었는데 그 여학생들은 상담하면서 나를 믿고 마음을 열어 줘서 정말 고마웠다. 그 여학생들과 상담할 때는 한 땀 한 땀 수를 놓듯이, 더욱 정성을 다해 상담했었다. 고학년 여학생들도 상담에 적극적으로 임해 줘서, 심리적 어려움이 완화되는 것을 조금씩 느꼈다. 매번 상담이 끝난 후에는 여학생들에게 "선생님이 안아 줘도 되니?"라고 물어보고 안아 주었다. 그 영혼이 평안하기를 바라며, 등을 토닥거렸다. 그 순간 울음이 터지는 학생도 있었고, 내가 울컥할 때도 있었다. 진심이 담긴 마음과 상담을 필요로 하는 외국인 학생들이 지금도 기다리고 있다.

3

한국어를 전혀 못하는 외국인 학생을
어떻게 상담하나요?

이중언어강사는 전문상담교사가 하는 말을 통역하여 외국인 학생에게 전달하고, 다시 외국인 학생이 하는 대답을 통역하여 전문상담교사에게 전달해 준다. 이때 언어뿐만 아니라 비언어적인 의사표현인 얼굴 표정, 태도, 문화에서 나오는 반응, 의도, 마음 등을 서로에게 해석해서 전달해 주신다.
상담시간은 수업시간표처럼 매주 정해진 시간에 올 수 있도록 정하여 지속적으로 상담한다.
외국인 학생과의 라포 형성을 위해 미술·놀이 활동이나 보드게임을 활용하거나, 학생의 모국어를 배우고 사용한다.

우리 학교의 외국인 학생들은 한국어로 말하는 학생은 소수였고, 한국어를 거의 모르는 학생들이 대부분이었다. 그래서 외국인 학생의 상담을 시작할 때, 동료 전문상담교사들이 함께 걱정해 주었다. 일반적으로 개인상담을 할 때는 상담자와 내담자 둘이서 상담을 한다. 전문상담교사가 상담할 때 제3자인 이중언어강사가 옆에 앉아 있는 상황은, 마치 선생님들이 수업할 때 제3자가 앉아있는 상황과 유사할 것이다. 나도 외부 상담기관에서 상담할 때 제3자가 옆에 계속 앉아 있었던 적은 없었다. 하지만 외국인 학생을 상담할 때 이중언어강사의 동석은, 내 선택에 따라 해도 되고, 안 해도 되는 것이 아니라 '해야만 하는' 상황이었기 때문에 신경 쓰이지 않았다. 오히려 이중언어강사가 없다면 외국인 학생의 상담 자체가 진행되지 않기 때문에, 절대적으로 필요한 존재였다.

학교에서 배려해 주서서 그 학교 첫해부터 화, 수, 목요일 2, 3, 4교시에 이중언어강사를 상담실에 배정받았고 5년 차에는 월, 화, 수, 목요일 1교시부터 4교시까지 이중언어강사를 배정받았다. 배정받은 시간 동안 이중언어강사는 상담실에 와서 외국인 학생과 내가 상담할 때 통역을 해 주신다. 학교에서 배려를 받았다고 표현한 이유는 다른 선생님들은 이중언어강사의 통역 없이 학급운영과 교육과정을 지도하고 있었고, 특별한 경우에 이중언어강사의 도움을 받았기 때문이다.

나는 한두 번 정도의 상담으로 끝날 수 있는 단기상담을 제외하고, 수업시간표처럼 상담시간표를 짠다. 보호자에게 상담 동의를 받을 때, 수업시간과 방과 후 시간 중 원하는 시간대로 상담 시간을 잡는다. 외국인 학생의 경우에는 보호자께서 주로 수업시간을 선호하셨다. 방과후에 상담하면 학생들이 친구랑 놀러 가고 싶어서 상담을 빠지기도 하고, 피곤해서 집중이 어려웠다. 학생마다 무슨 요일 몇 교시로 정해 두고, 담임교사께서 챙겨서 보내 주시는 경우도 있었고, 내가 쪽지나 전화로 연락해서 외국인 학생을 부르기도 한다. 그 학교는 매시간 한국어 학급, 전담 수업 등 각각의 학생들을 보낼 곳이 많기 때문에 담임교사들이 바쁘시다.

외국인 학생을 상담하는 목적이나 방법은 한국인 학생과 비슷하다. 학생의 심리적 상태에 따라 어떤 상담이론과 상담기법을 적용할지 결정하는 것도 비슷하다. 다른 것은 언어와 문화의 차이가 존재한다. 이중언어강사는 전문상담교사가 하는 말을 외국인 학생에게 통역하여 전달하고, 다시 외국인 학생이 하는 말을 통역하여 전문상담교사에게 전달해 준다. 이때 언어만을 통역하는 것은 아니다. 비언어적인 의사표현 즉, 얼굴 표정, 태도, 본국의 문화에서 나오는 반응 등을 서로에게 해석해서 전달해 주는 것이 큰 도움이 되었다.

한국인 학생을 상담할 때는 언어도 통하지만 지금 저 학생이 방어적으로 대답하는 것인지, 아무 생각이 없고 성격이 단순해서 짧게 대답하는 것인지 예측할 수 있다. 또 내가 하는 말들과 공감이 학생에게 잘 전달되는지, 아니면 학생이 오해하고 있는지도 느낄 수 있다. 이는 같은 언어와 문화를 바탕으로 얼굴 표정과 시선, 태도를 통해 추측하는 것이다. 그런데 외국인 학생을 처음 상담할 때 저 얼굴 표정이 무엇을 의미하는지 정말 모르겠더라. 세계 공통적인 감정 표현이 있지만, 그래도 저 표정이 좋다는 건지 싫다는 건지 쑥스럽다는 건지 도대체 가늠하기가 힘들었다. 그래서 '저 학생은 상담하러 오기 싫은데 억지로 왔구나.' 하고 오해할 때도 있었다. 경험이 쌓이면서 나도 조금씩 여유와 요령이 생겼는지, 외국인 학생의 비언어적 의사표현에 대해 내 마음대로 판단하지 않고 이중언어강사에게 "지금 저 학생이 어떤 의미로 저런 표정과 자세를 취하는 건가요?"라고 물어봤다. 외국인 학생의 반응이 적고 소극적일 때는 "지금 이 학생이 기분이 안 좋아서 대답이 적은 거예요? 원래 말이 없는 성격인가요? 아니면 졸리거나 아파서 컨디션이 안 좋은 건가요?"라고 물어봤다. 이때 이중언어강사는 본인이 해석한 것을 말해 주거나 학생에게 직접 물어보고 대답해 주셨다. 또 나라마다 학교문화도 달라서 "저 학생의 나라에서는 학교에서 저렇게 행동하거나 선생님 앞에서 저렇게 자세를 취하는 것이 괜찮은 건가요?" 혹은 그림검사를 할 때 "이 학생이 살았던 나라의 집들은 이렇게 생겼나요?"라고 묻기도 했다. 상담할 때 학생이 살았던 나라의 문화를 아는 것이 도움이 되었다. 그 나라의 문화를 공부하기 위해 인터넷으로 검색도 시도했지만, 이중언어강사에게 물어보는 것이 가장 빠르고 정확했다.

비언어적인 의사표현의 의미뿐만 아니라 전문상담교사와 학생의 의도에 대해서도 서로에게 해석해 주셨다. 내가 계속 질문할 때는 '학생에게 관심이 있고, 학생에 대해 알고 싶어서 하는 질문인지, 학생의 잘못된 행동을 스스로 인지하게끔 하는 질문인지.'를 학생에게 설명해 주셨다. "상담선생님은 지금 너에게 관심 있어서 질문하시는 거야."라고 학생에게 설명해 주시면, 학생도 낯선 사람에 대한 경계를 풀고 솔직하고 풍부하게 대답했다. 또한 전문상담교사가 하는 말을 있는 그대로 전달하게 되면, 통역을 통해 마음도 함께 전달될 수 있다. 예를 들어 전문상담교사가 이중언어강사님에게 "학교에 나오지 않는 외국인 학생 OOO에게 상담선생님이 보고 싶어 한다고 전해 주세요."라고 전화를 부탁드릴 때가 있다. "상담선생님께서 OOO가 보고 싶대."라고 하는 것과 "상담선생님께서 내일 학교 나오래."라고 하는 것은 듣는 학생에게 전달되는 마음이 다르다.

이처럼 상담할 때 전문상담교사와 학생이 말하는 언어의 통역만큼 중요한 것은 우리가 나타내고 있는 얼굴 표정, 태도, 컨디션, 성향, 본국의 문화, 의도, 마음 등을 해석하고, 있는 그대로 통역하는 것이다.

이중언어강사가 다른 곳에서 통역하느라 상담시간에 늦게 오실 때 라포가 형성된 외국인 학생 같은 경우에는 단둘이 상담을 시도하기도 했다. 그림을 좋아하는 여학생은 간단한 그림을 번갈아 그리면서 서로가 하고 싶은 말을 전달하기도 했고, 보드게임을 좋아하는 남학생은 학생이 좋아하는 보드게임을 하면서 친밀감을 쌓기도 했다. 그림과 보드게임 등 미술치료와 놀이치료의 매체들이 우리의 언어를 대신하여 소통의 도구가 되어 주었다.

교우관계 갈등이 잦은 외국인 학생의 경우 보드게임을 통해 질서와 규칙을 가르쳐 주고 지킬 수 있도록 연습한다. 외국인 학생은 질서와 규칙을 몰라서 못 지키는 경우도 있음을 고려해야 한다. 상황에 따라 전문상담교사와 외국인 학생 단둘이 보드게임을 하고 이중언어강

사는 통역만 할 때도 있고, 이중언어강사를 포함한 세 명이 함께 보드
게임을 할 때도 있다. 전문상담교사와 외국인 학생 단둘이 보드게임을
하는 경우는 전문상담교사가 아슬아슬하게 이길 듯하다가 져 줘서 학
생이 자기효능감을 경험해야 할 때다. 위축되고 우울하여 다른 학생들
과 의사소통의 교류가 적은 외국인 학생의 경우는 이중언어강사를 포
함한 세 명이 함께 활동하면서 더 많은 지지와 격려를 받도록 한다. 또
한 외국인 학생이 이중언어강사와 의사소통하면서 다른 학생들과 어
떻게 의사소통을 해야 하는지 방법을 배우기도 한다.

외국인 학생과 미술치료를 할 때는 이중언어강사의 세심한 통역이
필요하기 때문에 학생과 단둘이 할 때가 많다. 전문상담교사가 그림이
나 점토 등의 미술 매체로 자신의 마음을 어떻게 표현하는지 먼저 보
여 주고 그 작품에 표현된 나의 마음과 감정의 의미를 설명하면, 학생
도 자신이 만든 작품에 자신의 마음과 감정을 투영하여 설명할 수 있
다. 이중언어강사는 학생의 성향, 상담 호소문제, 라포 형성의 정도,
상담 매체 등 여러 상황에 따라 활동에 참여하기도, 통역의 역할만 하
기도 한다.

외국인 학생과 친밀감을 쌓는 데 도움이 되었던 것 중에 하나는 내
가 외국인 학생의 모국어를 사용하는 것이었다. 만날 때 인사와 헤어
질 때 인사는 학생의 모국어를 사용했고, 내가 칭찬을 해 주고 싶을 때
는 직접 학생의 모국어로 칭찬하니 더 좋아했다. 그리고 상담 내용 중

에 중요했던 단어는 학생의 모국어로 어떻게 말하는지 발음을 배워서 "선생님이 다음 상담시간까지 이 단어는 꼭 외워 올게."라고 약속하고, 다음 상담시간에 그 단어를 꼭 언급했다. 특히 고학년 여학생과 상담할 때는 그 학생이 느끼는 감정을 학생의 모국어로 사용할 때도 있었다.[35] 그렇게 노력하니까 학생의 마음이 나에게 열 발짝씩 성큼성큼 다가오는 게 느껴졌다. 내가 어설프지만 가끔씩 학생의 모국어를 사용할 때 자신들의 언어와 문화, 정체성을 인정해 주는 느낌이 들지 않았을까. 우리가 외국에 나갔을 때 외국인들에게 "김치, 비빔밥"이라는 단어만 들어도 친밀감이 느껴지듯이.

---

[35] 나는 외국인 학생의 모국어를 잘 몰랐고, 외우지도 못했다. 자주 사용하는 특정 단어는 알지만, 상담시간에 새롭게 배우는 단어는 종이에 적어놓고 보고 말할 때도 있었다.

마음을 연습하는 상담실

4

외국인 학생과 보호자를 상담할 때
이중언어강사의 역할이 아주 커요.

처음부터 외국인과의 상담 통역을 잘하는 이중언어강사는 존재하지 않는다.
외국인 학생의 상담을 함께 하는 전문상담교사와 이중언어강사는 많은 대
화를 통해 서로 적응하며 맞춰 갈 필요가 있다.
상담을 통역할 때 이중언어강사의 태도뿐만 아니라 학교생활과 상담에 대
한 이해 정도가 영향을 미친다.
따라서 이중언어강사를 대상으로 학교생활과 심리상담에 대한 기본적인 이
해 및 상담 용어와 상담기법에 대한 교육이 필요하다고 생각한다.

나는 참 운이 좋았다. 그 학교 1년 차 때부터 5년 차 때까지 계속 같
은 이중언어강사께서 통역을 해 주셨다. 5년 동안 상담 통역을 해 주
셨던 이중언어강사는 성품이 따뜻하고 지혜로운 분이셨다. 외국인 학
생들은 전문상담교사는 누군지 모르지만, 이중언어강사는 누군지 알
고 상담실에 왔다. 처음 상담실에 오는 것에 긴장했던 외국인 학생들
은 따뜻한 이중언어강사가 상담실에 있는 것을 보고 반갑게 다가와서

안기고 인사했다. 외국인 학생들은 훌륭한 이중언어강사 덕분에 상담실에서 덜 어색해했고, 전문상담교사와의 라포도 잘 형성되었다. 학년도가 바뀔 때마다 다문화 담당선생님이 이중언어강사에게 상담 통역을 계속해도 괜찮으신지 물어보셨다. 외국인 학생의 개인상담을 통역하는 일이 다른 통역과 번역을 하는 것보다 힘들었고 정신적으로도 소진되기 때문이다. 감사하게도 항상 "저는 상담 통역하는 것이 정말 좋아요."라고 하셨다. 따뜻한 이중언어강사와 5년을 함께 상담하는 동안 정말 감사하고 행복했다.

이중언어강사와 함께 상담하며 느낀 점은 '상담 통역을 위한 교육'이 필요하다는 것이다. 외국인 학생들의 모국어를 잘 모르지만, 통역하는 것을 5년 동안 보면서 자주 듣는 단어가 있었다. 외국인 학생과의 상담 중에 "네가 열심히 노력해서 이렇게 할 수 있었구나."라고 학생의 '노력한 과정'에 초점을 두고 격려를 했는데, "잘했어."라는 짧은 말로 통역하는 것을 들었다. 그래서 이중언어강사에게 "저는 학생에게 '잘한' 결과를 칭찬하는 게 아니라 '노력한 과정'에 대해 칭찬하고 있어요. 선생님도 학생이 '노력한 과정'을 칭찬해 주세요."라고 말씀드렸다. 상담이 끝나고 나서 이중언어강사와 대화를 나누었다. "학생에게 결과에 초점을 맞춰서 칭찬하면, 좋은 결과를 내서 칭찬받기 위해서 노력할 것이고, 좋은 결과가 나타나지 않았을 때는 칭찬받지 못해서 실망하기 쉽다. 하지만 학생의 '노력한 과정'을 칭찬하게 되면, 결과가 어떠하든 자신이 하는 노력에 대해 칭찬을 받기 때문에 내적 동기가 높아져서 결과보다 '노력하는 과정'에 집중하게 될 것이다. 그래서 상담할 때 이렇게 표현하는 것이니 선생님께서도 세심하게 통역해 주시길 부탁드린다."라고 말씀드렸다.

외국인 학생의 문제행동으로 인해 상담할 때, 외국인 학생의 입장에서 이야기를 듣고, 무조건적인 긍정적 수용과 이해하는 태도로 듣고 있었다. 구체적으로 표현하자면, 학생의 말이 사실이 아닌 것을 나도 알고 있지만 '내가 너를 신뢰하고 있고 너를 믿고 있어. 네가 문제행동을 했을 때는 아마 그럴 만한 이유가 있었을 거야. 그럴 수밖에 없었던 마음을 공감하고 싶어.'라는 마음으로 상담하고 있었다. 이중언어강사께서 학생의 문제행동 상황을 설명하시며 이 학생이 거짓말을 하고 있다고 말씀해 주셨다. 나는 나지막이 "저도 알고 있어요."라며 신호를 드렸고 상담을 계속 이어나갔다. 상담 후에 이중언어강사께 내가 학생에게 속고 있는 것일까 봐 도와주기 위해 말씀하신 것을 알고 있고 감사의 마음을 전했다. 상담할 때 학생이 이해와 존중받는 느낌을 받게 하기 위해 무조건적으로 믿는 순간이 있는데 오늘이 그때라고 말씀드렸더니 이해해 주셨다.

나는 외국인 학생과 상담할 때 이중언어강사를 전문상담교사의 창문이라 생각한다. 창문이 깨끗하면 밖이 제대로 잘 보인다. 하지만 창문이 깨끗하지 못하거나, 깨져 있거나, 커튼에 가려져 있으면 전문상담교사의 의도와 메시지가 잘 전달되지 못한다. 그만큼 이중언어강사가 중요한 역할을 한다고 생각하여 시간이 날 때마다 상담에 관해 많은 대화를 나누었다. 특히 상담할 때 사용하는 단어와 기법에 대해 설명을 했고, 내 말의 의미가 제대로 전달되지 않을 때는 영어사전을 찾아가며 소통하기도 했다. 외국인 학생과 마음이 통한다고 느낄 때는 이중언어강사가 내가 되고, 내가 이중언어강사가 되는 순간이었다. 그래서 상담할 때 내가 학생에게 이렇게 말하고 행동하는 의미를 이중언어강사가 이해할 수 있도록 자주 설명했다. 그래야 이중언어강사도 나의 말과 행동의 의미를 외국인 학생에게 잘 전해줄 수 있기 때문이다.

앞으로 다문화 시대가 되면서(이미 된 것 같지만) 외국인 학생을 상담하는 학교가 더 증가할 것이다. 이중언어강사가 상담에 대한 기본적인 이해가 있다면, 외국인 학생의 상담을 통역할 때 시행착오를 줄일 수 있다. 또한 생활지도와 심리상담의 차이점을 알면 생활지도와 심리상담 내용을 보호자에게 전달할 때, 외국인 보호자와 교사 사이의 오해가 생기는 것을 막을 수도 있다. 외국인 학생도 종합심리검사(풀배터리 검사)를 받아야 하는 상황이 있는데 통역사가 심리검사 질문과 외국인 학생의 응답을 통역할 때 신뢰도와 타당도가 염려된다. 따라서 이중언어강사들에게 교육부나 중앙다문화교육센터 차원에서 심리상담에 대한 기본적인 이해와 상담 용어 및 상담기법에 대한 교육을 지속적으로 지원한다면 학교 현장에서 도움을 받을 수 있을 것이다.

교육 현장에서 실시하는 다문화 정책과 교육은 도·시·군 지역에서 시행하는 다문화 정책과 차별성이 있어야 한다고 생각한다. 학교 교육 현장에서만 할 수 있는 다문화 정책과 교육이 활성화되기를 희망해 본다.

5

외국인 학생의 보호자를 상담하면서
이런 점을 유의하면 도움이 되실 거예요.

외국인 학생의 보호자와 상담할 때 이중언어강사가 원활하게 통역할 수 있도록 서로 한 문장만 말하고 통역하고, 다음 문장 말하고 통역하기로 합의한다.
이중언어강사에게는 외국인 학생의 보호자와 교사가 하는 말에 이중언어강사의 생각이나 판단을 포함하지 말고, 있는 그대로 통역하여 전달해 줄 것을 요청한다.
외국인 학생의 보호자와 대면상담을 통해 라포를 잘 형성해 놓으면 다음 상담에도 도움이 된다.

외국인 학생의 보호자를 상담할 때 이중언어강사의 통역하는 성향과 방법 또한 영향을 미친다고 생각한다. 예를 들어 외국인 학생의 보호자와 교사의 의견이 서로에게 정확하게 전달되지 않아 오해해서 찾아오는 경우가 있다. 이때 양쪽의 상황과 입장이 제대로 전달되어야, 서로를 이해하고 학생을 위한 긍정적인 방안을 모색할 수 있다. 좋지 않은 분위기에서 외국인 학생의 보호자와 담임교사, 전문상담교사가 상담할 때, 이런 상황을 경험한 적이 있다. 외국인 학생의 보호자가 하는 말을 그대로 통역하는 게 아니라, 이중언어강사가 듣고 판단한 자신의 의견을 교사에게 전달하였고, 교사들의 이야기도 이중언어강사가 듣고 자신의 의견을 더하여 보호자에게 전달했다. 이 때문에 오해가 더 커져서 문제해결에 어려움을 겪었다. 이런 경우도 있었다. 외국인 학생의 보호자와 교사가 말하는 내용을 전체 다 통역하는 게 아니라 일부만 통역하여 전달하였다. 서로의 언어는 몰랐지만, 우리는 많이 말하는데 통역은 아주 짧게 전달되는 것을 보고 눈치채게 되었다. 그래서 외국인 학생의 보호자와 상담을 시작할 때 통역 방법에 대해 참석자들과 미리 합의해야 한다. 교사와 외국인 학생의 보호자는 한 문장씩 끊어서 말하고, 이중언어강사는 그 문장을 있는 그대로 통역해야 한다. 즉, 교사가 외국인 학생의 보호자에게 전하고 싶은 여러 문장이 있지만, 한꺼번에 말하면 이중언어강사가 다 기억해서 그대로 전달하기 힘들다. 그래서 교사가 한 문장 말하면 이중언어강사가 그 말을 그대로 통역하고, 교사가 그다음 문장을 말하면, 이중언어강사가 그대로 통역해서 전달하는 것이다. 시간은 오래 걸리고 한꺼번에 말하지 못해서 마음이 답답할 수 있지만, 서로에게 하고 싶은 말은 정확하게 전달된다. 통역하는 동안 상대방의 반응을 관찰하며, 다음 말을 생각하고 준비할 수 있는 장점도 있다. 이해하기 어렵고 이상한 내용이 전달되면 이중언어강사에게 재차 질문하여 내용이 제대로 전달되었는지 확인할 필요도 있다.

나라와 민족의 특성에 따라 말이 빠르고 어조가 높으면 상대방에게 공격적으로 느낄 수 있다. 외국인 보호자의 상담을 통역한 경험이 많은 이중언어강사의 경우, 양쪽의 의견이 서로에게 자극되지 않도록 부드럽게 통역을 해 주셔서 처음에는 딱딱했던 상담 분위기가 풀리기도 한다. 물론 서로의 말을 왜곡해서 전달하여 일부러 좋은 분위기를 만들라는 뜻은 절대 아니다. 같은 말도 부드럽게 전달해 주시면 상담의 분위기도 한결 부드러워진다.

외국인 보호자와 교사는 모두 외국인 학생의 건강한 성장과 발달을 위해 모인 사람들이라 서로 날 세우며 경계할 필요가 없다. 서로의 입장을 이해하고, 함께 힘 모아서 외국인 학생에게 도움이 되는 방법들을 모색하고 격려하는 자리다. 그런데 학교에서 상담하자고 요청하면 방어적인 태도로 오시는 보호자가 있다. 혹자는 껌을 씹거나, 혹자는 학교에 소속된 이중언어강사를 못 믿겠다며 자비를 들여 통역사를 데리고 오거나, 혹자는 한국인 지인을 데리고 오기도 했다. 아마 한국의 학교 분위기를 잘 모르셔서 그런 것 같다. 교사들의 외국인 학생을 향한 진심 어린 마음이 언어와 얼굴 표정과 태도를 통해 외국인 보호자에게 전달되면, 닫혀 있던 마음이 열렸다. 부드러운 분위기에서 대화하게 되면서 경계심과 오해를 풀고 서로에게 힘드시겠다며 격려를 주고받는다. 이렇게 대면으로 외국인 보호자의 상담을 잘해서 라포를 형성해 놓으면, 다음부터 전화로 상담해도 오해할 일이 적다. 외국인 보호자와의 전화상담은 이중언어강사의 어조로 전달되기 때문에 교사들의 진정성, 학생을 향한 간절함이 전달되지 않아서 오해하실 때도 있다. 또 반대로 외국인 보호자는 자녀가 학교에서 잘 생활할 수 있도록 자녀의 성향이나 기질을 참고해 주십사 이중언어강사를 통해 교사에게 전달한다. 이때 전달하고자 하는 외국인 보호자의 의도가 잘못 전달되면 학교에서는 '원래 그런 학생이니까 그냥 두세요.'라는 의미로 받아들일 수도 있다. 그래서 대면상담을 하면서 서로를 이해하는 시간을 가지는 것이 중요하다. 진정성 있고 간절한 표정을 통해 서로의 마음을 알고, 대면하면서 서로의 성향을 파악하게 되면 훨씬 조화로운 가정과 학교의 연계를 구축해 나갈 수 있다.

　미국에 사는 친구와 통화하면서, 외국인 보호자와 상담할 때 방어적인 태도를 보이면 곤란하다고 말한 적이 있다. 친구는 자신도 미국에서 이민자로 살면서 학교나 공공기관에서 무엇을 말하면 '내가 외국인이라고 무시해서 저러나.'라는 생각이 먼저 든다고 말했다. 그 이야기를 들으니 외국인 보호자의 마음이 이해되기 시작했다. 학교에서는 학생에게 좋은 일이 있을 때 대면상담을 요청하는 경우는 없으니까. 학생에게 문제가 있을 때만 대면상담을 하니 보호자께서는 달갑지 않으실 것 같다. 또한 외국인 학생의 보호자들은 도시 외곽에 있는 직장에 다니는 경우가 많아서 대면상담을 요청할 때 난색을 표할 때가 있다. 근무 일수가 모자라면 수당이 줄어든다든지, 회사 사장이 허락해 주지 않는다든지 여러 이유가 있다. 생업과 관련된 일이라 강요할 수 없어서 전화상담으로 진행하기도 하지만, 학생의 학교폭력 사안이나 자해 및 자살 관련한 위기 사안 등으로 대면상담을 꼭 해야 하는 상황을 마주할 때가 있다. 보호자와 일정을 잡기가 힘들다면 초과근무를 상신하고 저녁이나 주말에 학교에서 상담하거나, 관내출장을 상신하고 가정 근처로 가서 상담하기도 했다. 이런 경우에는 전문상담교사 혼자 가지 말고 담임교사나 교감선생님, 생활부장 등 다른 교사들과 함께 가는 것을 제안 드린다.

마음을 연습하는 상담실

에필로그

살아낼 용기

    반달이 어느 때보다 선명한 밤이었다. 그날은 업무가 몰려서 평소보다 일찍 출근해서, 늦게 퇴근했다. 회의하고, 상담하고, 업무하고, 보호자 상담하고, 다시 업무를 했다. 열심히 하루를 보내고 퇴근하는 길에 하루의 뿌듯함보다 내가 부족했던 것만 떠올랐다. '요즘에 ○○이는 상담하러 왜 안 올까. 내가 그때 상담을 이렇게 할 걸 잘못했나. ㅁㅁ한테는 이렇게 대할 걸 잘못 생각했네. ㅎㅎ이가 갈 때 이 말을 해 줄 걸 생각을 못 했네.' 업무를 잘 못하는 것보다 학생에게 부족했다고 느낄 때, 생각의 시간을 보낸다. 누군가의 마음을 나눠진다는 것은 외롭고도 무겁다.

    책을 쓰려고 처음 생각했을 때부터 마무리하는 지금까지 내가 이런 책을 쓸 자격이 있는지 고민했다. 내 머릿속에 '책은 대단한 사람이 쓰는 거 아닌가. 쓰더라도 아직은 아니지 않나.'라는 생각이 맴돌았다. 하지만 반달이 선명했던 그 밤, '나 책 써도 되겠구나.' 내 생각도 선명해졌다. 내가 탁월해서 책을 쓸 수 있기보다, 학교 상담 현장에서 부족했던 경험 덕분에 이 책을 쓸 수 있는 자격이 생겼다고 생각한다. 슬프지만, 아마 나는 이 책을 썼다고 해서 완벽해지지는 않을 것이다. 앞으로도 실수하고 어설프겠지. 하지만 조금씩 덜 실수할 수 있도록 노력할 것이다. 앞으로도 나의 부족함으로 후회하는 날도 있겠지. 하지만 덜 자책하고, 덜 부족하도록 노력할 것이다.

나는 대단한 사명감은 없다. 사실 하루하루 내게 주어진 것들을 감당하느라 벅찰 때가 많다. 다만 내가 원하는 것은, 나와의 상담으로 단 한 명의 인생이 바뀌었으면 좋겠다는 마음. 상담하는 시간에 학생에게 많이 웃어 주고, 들어주고, 마음을 다해 집중하겠다는 마음. 그 시간 동안 학생의 마음이 편했으면 좋겠다는 마음이다.

성경 마가복음 5장에 보면 열두 해 동안 혈루증을 앓아 온 여인이 있다. 여러 의사에게 보이면서 가진 돈만 다 써 버리고 효과는 없었으며 병은 더 심해졌다. 예수님께서 병을 고친다는 소문을 듣고 가까이 가서 예수님의 옷에 손을 대었다. '예수님 옷에 손을 대기만 해도 내가 나을 거야.'라는 간절함이 그녀에게 있었다. 그리고 그녀의 믿음대로 다 나았다. 치유에 대한 간절함을 느낄 때 이 구절을 자주 찾아본다. 그녀의 혈루증은 마치 나 그리고 우리의 마음과 같다고 생각한다. 나도 바닥의 감정을 경험하고, 어떤 것들을 살아냈어야 했던 시간이 있었다. 지금은 그 시간이 원망스럽거나 부끄럽지 않고, 오히려 내가 상담을 할 수 있는 원동력이 되고 있다. 지금 우리의 시간이 훗날에는 살아가는 원동력이 되기를 바란다.

청소년 때부터 나의 기도 제목은 "하나님. 제 길이 무엇인지 알려 주세요."였다. 상담 현장에서 경험을 쌓았고, 미술치료로 상담의 무기를 준비하게 해 주셨으며, 전문상담교사의 자격을 얻게 해 주셔서 지금 이 길에 서 있다. 나를 인도해 주신 하나님 아버지께 감사드린다. 또한 부모님과 동생의 기도와 지원 덕분에 공부하고 준비할 수 있었다. 섬김과 사랑의 실천이 무엇인지 삶으로 보여 주시는 우리 아빠 오재준 선교사님과 우리 엄마 임재금 사모님, 내 동생 오정훈에게 사랑과 고마움을 전하고 싶다. 그리고 나의 부족함도 용납해 주시고 교육의 파트너로 생각해 주시는, 나와 함께 근무하셨던 모든 선생님들께 감사와 존경의 마음을 전하고 싶다.

나는 앞으로 좋은 날도 있고, 슬픈 날도 있으며, 답답한 날도 있을 것이다. 내가 원하는 대로 되는 일들도 있지만, 하는 것마다 안 되는 일들도 있을 것이다. 평온함을 느끼는 날도 있지만, 고통 중에 빠질 수도 있다. 앞으로의 그러한 날들 또한 온전히 받아들이며 살아내겠다. 제주도 올레길을 혼자 걷고 있을 때, 어느 게스트하우스 주인장께서 "들어와 물 한잔하고 가라."고 권하셨다. 그 담벼락에 내게 물보다 시원한 글이 쓰여 있었다. "이 길은 나를 믿고, 나의 결정을 신뢰하는 길이다." 이 책을 읽는 분들의 길에도 자신에 대한 믿음과 평안함이 있기를 기도하겠다.

오윤미 드림